村田喜代子の本よみ講座

Murata Kiyoko

村田喜代子

中央公論新社

はじめに

本をどんなふうに選んでいますか？
新しい本ばかり追っていませんか。
派手な宣伝やキャッチコピーに惑わされて、
地味だけど、個性のある本を見過ごしていませんか。
手に取ってページをめくっても、
大切な言葉を読み飛ばしていませんか。

そもそも「本を読む」ってなんだろう？
「読む力」はどうやったら身につくんだろう？

そんなことを考えてみたいと、最初は五十人ほどの聴衆をつのって、福岡で始めた、

「村田喜代子の本よみ講座」。

巷にあふれる本の海から、面白い本や、いい本、忘れられては勿体ない本などを探しだし、ともに読むことによって、読書の楽しさ、醍醐味をお伝えしたいと思います。

村田喜代子の本よみ講座　目次

『長崎の鐘』——原爆投下と科学へのまなざし　161

掌の形をした雲が浮いていた。その中指くらいからポツリ、銀色に光る小さな機影。高度八千米くらいかと見ていたら、あっ落とした。

『長崎の鐘』

「戦艦大和ノ最期」(二十二歳の初稿)——死のまぎわに考えること　191

重油の海に浮かびつつ、今、ワレ音楽ヲ聴ケリ。真ナルヤ？　然リ、バッハ『無伴奏ソナタ』。

「手なし娘協会」——腕を取り戻した娘たち　213

あたしの腕のない体はとても軽く、何だか手のあることが人間の罪業のようにさえ思えたわ。

装幀　毛利一枝

村田喜代子の本よみ講座

『ネバーホーム』――二度と帰れない家

髪を切って男の服を着て、
わたしたちは夫の代わりに生きて戻れない戦場へ
行ったの。

みなさん、こんばんは。えー、近頃、本があんまり読まれないな、と、面白い本はいろいろあるのにな、と……。そんな思いから始まった次第の本よみ講座です。どうぞよろしく。

と言いながらも私は、本が売れなくても、それでもいいかな、と昔からそんな気がしないでもないんです。かつて稲垣足穂《たるほ》が、「自分の読者は五十人いれば十分だ」と言いました（私たちの「本よみ講座」も五十人よね！）。でも足穂は、本当の意味の読者は五人くらいでいいかとも言う。そんなに少なかったら、足穂に心酔して第一回日本文学大賞に推した三島由紀夫だってファンの中に入れてもらえないんじゃないかな。だって三島が会いたがっているのに、足穂は素っ気なかったっていうじゃないですか。まあそんなことはいいけど、稲垣足穂の読者が一万人もいたら気持ち悪いです。

ただしかし、フランスの野に初めて飛んだ絹張りの翼、胡桃《くるみ》製のプロペラーの『ファルマン』っていう短編や、「地上とは思ひ出ならずや」なんていう足穂の言葉を知ったら、必ずや読みたくなる人がいると思う。今、書店の店頭に出ている本は地球の石炭層の上《うわ》っ面《つら》に生えた草みたいなものです。読みたい本はじつは過去に出た本の中にザクザクある。新しい本ばかり追ってないで、古い本の地層を掻《か》き混ぜて探すといいと思う。ぐるぐる攪拌《かくはん》したら面白い本はいっぱい湧き出てきます。

今夜持ってきた本は、じつは二〇一七年発行で新しいんです。発売当時はだいぶ書評に取り上げられたけど、でも今の世の中ではすぐ過去の本棚に入れられてしまう。惜しいので私が掻き混ぜてここに出しますね。

タイトルの『ネバーホーム』ってなんですか、これ、変な題名ですね。家、ふるさと。そしてネバー？　否定ですね。こんな言葉ないでしょう。南北戦争が始まって、インディアナ州の農場で暮らしていた主婦コンスタンスが男のふりをして戦争に参加した、という話です。変な話でしょう？　男の格好をしたんですよ。いったい何で？　本の中に入っていきましょう。第一行はこうです。

〈わたしはつよくてあのひとはつよくなかったから、わたしが国をまもりに戦争に行った。〉

子どもが書いたようなぶっきらぼうな文章。そしていきなり信じられない話が始まる。アメリカの南北戦争っていつ頃でしょうか？　百五十年以上前、日本では幕末で新撰組が暴れていた。もう十年もしたら明治維新になるときです。
そんな頃、インディアナ州の一人の主婦が国を二分する戦争に、夫の代わりに出て行きます。そこのところを読みます。

〈インディアナの州境をこえてオハイオにはいった。二十ドル、塩ブタのサンドイッチふたつ、それに干し肉、丸パン、ふるいリンゴ六コ、あらった下着、毛布ももっていった。暑くなってきたので上着をぬいで帽子をまぶかにかぶってあるいた。志願しようとしているのはわたしひとりではなく、そのうちに団みたいなものができた。農家のひとたちはわたしたちがとおりかかるとかっさいしてくれた。食べものもくれた。いちばんいい日かげをあけてくれて、ここでやすんでいけと言ってくれた。〉

戦争に参加する男たちが行く先々で合流し、一団となって旅が続きます。途中の村や町の人々が拍手して送ってくれる。戦場に行く男たちは旅の夜には酒を飲み、星空の下で騒ぎます。そしてナイフ投げなんかを競うんです。結構やばいですね。コンスタンスは力くらべの腕ずもうで男たちを打ち負かし、叩きつけて、早々とみんなにいちもく置かれるようになりました。彼女の男名前はアッシュ・トムソンというのです。

名高いサムター要塞の激戦から一年が経っていて、シャイローの戦いでは敵味方の屍《しかばね》が山と積まれ、戦況はいよいよ厳しくなり始めていたんです。たった一人、女性が男に混じって戦場に行くのは、どんな気分でしょうね。コンスタンスは自分で言う通りとても強くて、その点で女と見破られることはなかったけど、それは体のうわべのことでしょう。彼女の愛する夫、ひ弱な男の名前はバーソロミューっていいます。

〈デイトンから、はじめてバーソロミューに手紙を送った。シンシナティからもだいたいおなじのを送った。あなたがいなくてものすごくさみしい、とわたしは書いた。ものすごくしあわせだ、ともわたしは書いた。〉

ああ、ばかなコンスタンス……。さみしいならなぜ志願したの……。夜営の夜、彼女は皆からそっと離れて川の水で体を洗いました。ある日は誰にも見られない所まで行って服を脱いで水に入りましたが、ゆっくりと水に浮かんでいたかったけど、また急いで水から上がって服を着るのです。本当の自分に戻るひとときはコンスタンスには望めません。

夜になると彼女はまたバーソロミューのことを考えます。仲間の兵士のうちには戦闘で一人の敵も殺せない者もいるけど、コンスタンスは戦闘に慣れてきて、銃さえあれば百人ぐらいは殺せるというのです。でもこないだ入隊したばかりの彼女が、いくら強くてもそんなことはできませんよ、たぶん。その今から殺さねばならない百人のことを考えた後で、彼女は今度はたった一人のバーソロミューのことを考えてみるんです。ここ、とても印象的なところです。彼女は自分がもうすっかり死んで、小川のひんやりした水に浮かんでいる夢を見ました。読みながら私の眼にもそれが見えてきます。脳裡《のうり》に映ってくるんですね。

図版で見ていきます。ここで朝日新聞出版から出た『ネバーホーム』と別に、レアード・ハントの原書を皆さんに見てもらいます。次頁の図版を見てください。この本の装幀は面白いんですよ。表紙にはこんなふうに一人の兵士の姿が出ていますね。ちょっと痩せた若い男です。ところがその本を引っ繰り返すと、ほらね、裏にはワンピースを着た女性の後ろ姿がある。おもての兵士がコンスタンスの仮の姿で、裏が彼女の真実の姿です。

じつは南北戦争が終わってからわかったようですが、彼女みたいに男のふりをして戦争に行った女性は結構大勢いたようです。遺品の中に夫あての手紙が沢山発見されて、女とわかったみたいです。性別なんて兵士の亡骸《なきがら》を調べればすぐ見分けがつくんじゃないか。今の私たちはそう思うけど、戦場の亡骸なんて片づける者もなく野ざらしだったんですね。太平洋戦争の写

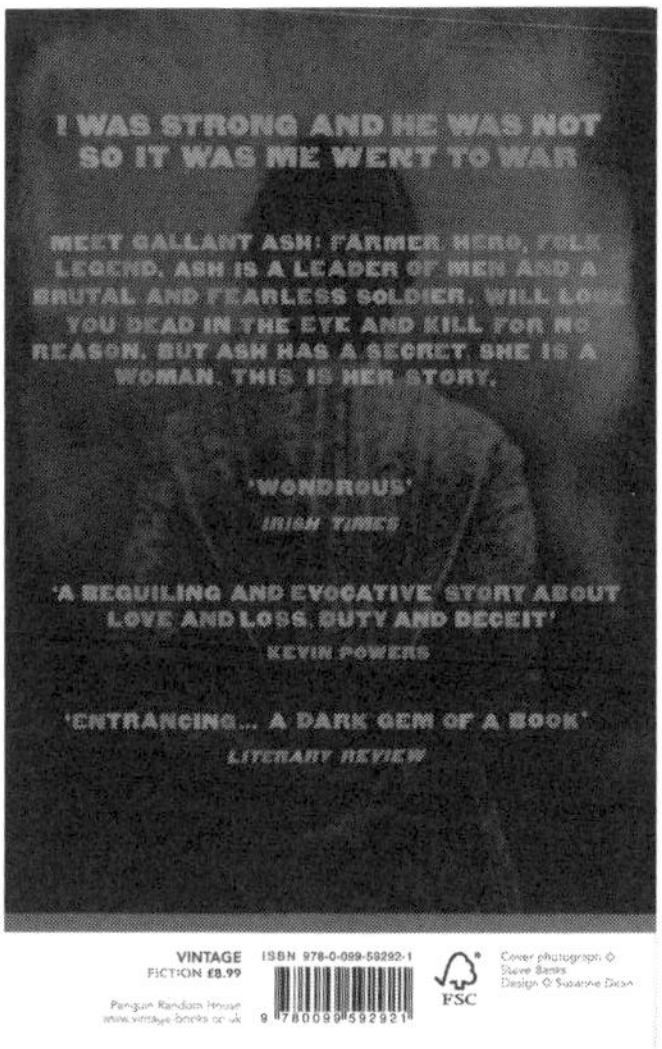

真を見ても死骸の山じゃないですか。私たちは戦争を知らないんですよね。

ここで南北戦争の凄《すさ》まじさをおさらいすると、アメリカ合衆国の総人口は当時三千百万人ぐらいだったそうです。ビックリするほど少ない。それが四年余りの戦争で死んだ兵士の数は南北両軍合わせて六十二万人を超えていたんだそうです。ちなみに後年の第一次、第二次世界大戦とベトナム戦争のぶんも足した、アメリカ兵の総死亡数が三十万人です。昔の南北戦争の半分です。アメリカはこの内戦でホトホト懲《こ》りたでしょうね。

とくに酷かったのがゲティスバーグの戦場だった。向かい合った二つの山の麓《ふもと》に南軍と北軍が睨み合って、真夏の七月、戦闘は三日間続きました。そのときの両軍の死者は行方不明も含めて、五万一千人ですって。当時は一回ずつ弾を込める手間暇かかる銃だったのに、あるときは五十分間の激戦に南軍の歩兵だけで六千八百人が死んだそうです。五十分間にです。

草原は兵士の遺体で埋まり、後で掘ったらどんどん骨が出てきた。リンカーンは四カ月後そこに立って、「人民の人民による人民のための政治をやろう」と宣言したわけですね。奴隷制度は廃止になったけど、翌年リンカーンは暗殺されました。

もう一度さかのぼって『ネバーホーム』の特徴であるこの文体について話します。最初に読んだとき私はまず第一行に「えーっ」とビックリしたんです。

〈わたしはつよくてあのひとはつよくなかったから、わたしが国をまもりに戦争に行った。〉

何度も言いますが、この下手クソな女言葉の文章から、ありえない男女逆転した戦争の話が始まります。この言葉足らずの、早く言えば思慮が足りなそうなというか、いかにも粗野な女のモノローグだから、仰天しながらも読まされていくんですよ。これは気をつけて読まないといけないと思ったんです。外国語を日本語にするときって微妙じゃないですか。日本語にない言葉をどうします？　翻訳はつまるところ、名訳ほど訳者の創作じゃないかという気がする。この本の訳者は原著の襞《ひだ》の奥まで読み取るような柴田元幸さんです。この文体は柴田さんの演出じゃないかな？　もう私はここで引っかかって進めない。

結局、レアード・ハントの原書を一カ月遅れくらいで取り寄せました。そして納得がいったんです。だって原文の通りだったんですから。そのまんまなのです！

納得したらどんどん読み進みます。

昼は戦場を駈けながら、コンスタンスは夜になるとバーソロミューと別れたときのことを思い返します。幾夜も幾夜もです。生きるための証《あかし》のように。死ぬための証のようにです。バーソロミューとは二カ月も前から話し合っていた末の決行だった、というけれどコンスタンスが一方的に決めてしまったんじゃないでしょうか。

〈わたしが行って、あのひとがとどまる。ひとりは農場を見ないといけなくてひとりは行かないといけなくて、それがあのひとでそれがわたしだったのだ。わたしたちはふたりともおなじくらい小がらだけれど、あのひとは毛糸でできていてわたしは針金でできていた。〉

バーソロミューは妻を抱くとき痛かったでしょうね（笑）。彼は毎年冬には病気になったがコンスタンスは生まれてこのかた、一日も病気をしたことがなかった。彼は遠くのものはろくに見えないが、コンスタンスは片目をつむっても五十メートル離れたジャックウサギの耳を撃ち飛ばせる。怖い女ですねえ。

二人とも戦争に行かなくたっていいんだとバーソロミューは言い、あなたじゃない誰かがこの農場を代表して行くべきだとコンスタンスは言う。しばしば私たち女は雄々《おお》しい理想主義者になるものです。だから日本人の私にもそのときの彼女の意志がわからないではありません。ついにある朝まだき、コンスタンスは家の扉を開けます。外にはまだ闇が残り、向こうの山道は青白く沈んでいます。その道が彼女を手招きしているのです。見送りに出たバーソロミューは玄関先に座り込んで言いました。ここ、大事なセリフなので読みますね。

〈「さあ、行軍に出るがいい、もういなくなってしまっているきみを見るのがぼくには耐えられない」とあのひとは、寄っていったわたしにむかって言った。

「あなた《ハズバンド》、わたしはまだいなくなってないよ」

「コンスタンスはいなくなった」とあのひとは言った。

あのひとはとおくを見るような目をしていた。わたしはすぐとなりに立っているという

のに、わたしを見るにはもうすでに千キロむこうを見ないといけないときめたみたいな目だった。〉

（ああ、たどたどしくて面倒くさい文章……）


〈「わたし、ここにいるよ」とわたしはそばにかがみこんでささやいた。

「戦争に行きなさい、アッシュ・トムソン」とあのひとは言った。

あのひとは言った。「ぼくはここにのこって、ぼくたちがもっていないこの生活をまもる。ぼくたちにはないこの家族をぼくはまもる」

「あなた《ハズバンド》」とわたしは言った。

「さあ行け、アッシュ」

わたしが角をまがったときも、あのひとはまだ両腕をぎゅっと胸にまきつけたままで、わたしのほうを見ていなかった。〉

ここに『ネバーホーム』という矛盾に満ちたタイトルの意味が夫婦のセリフの中に用心深く差し込まれています。バーソロミューは農場に残って、もう自分たちが持っていない生活、自分たち夫婦が失ったこの生活を、守り続けると言うのです。自分たちが手放した家族生活を守り続ける。それはコンスタンスが消してしまったものです。コンスタンスが消したので、バーソロミューも農場もそれと一緒に消えていかねばならない。その一家の「不在」を彼はあくまで在り続けさせるというのですね。

タイトルにかぶせた「ネバー」の否定語が、ここで本文の中に撃ち込まれました。たどたどしくてそのぶんだけ根っこのように強い文体は、まさにこのセリフのためにあったようには思いませんか。

戦いは酸鼻《さんび》を極めていきます。ある日、彼女は藪《やぶ》に用を足しに行って人間の頭骸骨を見つけます。何度も小競《こぜ》り合いの起きた所には、木の根もとに転がったブーツの中にまだ兵士の足だけが入っている。溝にも骨、柵の中にも骨、ガマのしげみにも骨、黒い川底にも骨です。「埋めていってやろうぜ」とみんなで言います。軍服の色が青（北軍）でも灰色（南軍）でも同じじゃないかと。それがすんだら、また進撃、進撃です。

〈大砲のホノオがどんどんすごくなってこっちはまだ着いたか着かないかだというのにどんどん負傷者も出はじめているみたいになったときも、だれもあゆみをゆるめなかった。なんだかわたしたちはもう、世界で永久につづくかなしみと栄光のなかに組みこまれてし

まったみたいな気がした。〉

おいおい。これまでずっと、下手な文章だなあと感心しながら読んできたのに、どうしたわけか、大真面目な名文が出ました。初めて観念用語が出たのです。惜しいな、ここだけは残念に思えました。

しかし〈永久につづくかなしみと栄光〉の栄光って何だろうと思いませんか。小説の中でコンスタンスはここまで一度も自分の属する北軍の正義には触れていません。故郷のインディアナ州は、昔は名の通りアメリカ先住民の人々が暮らしていた土地です。アパッチ族、スー族、ホピ族もいたかな、とコンスタンスは白人たちに追われて消えていった人々のことを思います。ネバーですね、彼らも。

そもそも国を守るといっても、インディアナ州から出てきた男装の一兵卒アッシュ・トムソンの守る国はどこにあるんでしょうか。南北戦争はじつは奴隷の人権問題から起こった戦いではありませんでした。北部は工業が発達して都市化が進み、工場経営者は安価な労働力を欲しがった。でも南部は綿花の大農場主たちが奴隷を使役し、西部へも進出しようとしていたのです。北は南の労働力を欲しがり、南は放したがらない。当初、リンカーンも奴隷解放はどうでもよかったといいます。

何万人もの人々を死の戦場に送り込んだインディアナ州も、南北戦争が終わるとやがて自動車産業で華々しく躍進します。だったらコンスタンスが守ってやらなくてもよかったんじゃないでしょうか。彼女がバーソロミューと別れてまで、守ってやらなきゃいけない国とは何でしょう。奴隷解放が実現すると、今度は自由になった奴隷が大農園を造って、そこでまた奴隷を使ったりするんです。人間というのは結局下へ、下へと目下の者を使うのですか。

そろそろコンスタンスの身に悲劇への展開が訪れ始めます。彼女は負傷しました。本隊を離れて囚《とら》われて奇妙な治療所に入ったり、転変を重ねます。そんなとき元上司だった大佐が迎えにきて、ある屋敷へ連れて行かれます。優秀な大佐は今は北軍の将軍になっています。そこは彼の家で妻が留守を守っていました。コンスタンスはそこで傷ついた心身を癒《い》やすことになりました。驚くべきはコンスタンスが女の身だったことを、将軍はとうに気づいていたのです。将軍が戦地へ戻った後、体が癒えたコンスタンスに思慮深い彼の妻は言いました。

「あなたはもう帰るべきよ」

コンスタンスは将軍の家を辞しましたが、もう戦場の仲間たちの後を追うことはしませんでした。バーソロミューの待つ故郷へと踵《きびす》を返してめざしたのです。そろそろ終幕が近付いてきました。そこを読みますね。

〈イエロースプリングズをあとにして早足であるきながら、わたしはおもった。きっとわたしは、あの死んだ兵士たちが――あの世界まるごとが――光に照らされ消しさられるのを見たせいで、いままでよりいっそうつよく、手おくれにならないうちに帰りたい、バーソロミューとわたしとひろい世界とがヒビのはいったガラス板にこびりついたゼリーになってしまわぬうちに帰りたいという気もちになった。〉

しかしようやく辿《たど》り着いたわが家は思いがけないことになっていたのです。足の悪いバーソロミューが守っていた農場は襲われたのです。彼女の夫は農場を奪われたうえにこき使われていました。そこへ彼女が帰ってきて無法者たちを撃ち殺します。

〈わたしはひとことも言わず、ただ前にすすんでいった――ケンタッキーの野原でわたしたちがおそわったとおりに、メリーランドの牧草地でわたしたちがやったとおりに、ヴァージニアの森でわたしたちを殺してべったりぬれた無にしてしまう大砲の砲火とたたかったとおりに。〉

〈わたしはねらいをさだめ、ヒザをついて、かあさんのマスケット銃をもちあげ、二分の一センチ下げて、息を吐いて、グラグラゆれる弾を放って明け方のなかをつらぬかせ、そいつを撃ちたおした。見ばえのいい黒い馬はのり手もいなくなったまましばらく足早で走っていたが、やがてとまって、ぶるっと体をゆすってから、日曜の午後みたいにモゾモゾ草を食《は》みはじめた。わたしにはその馬を撃ちたいという気もちはなかった。ヤギを撃ったのはまちがいだった。あのヤギにはすまなかったとわたしはおもい、馬は殺すまいとおもった。〉

〈「さあ出てらっしゃい、バーソロミュー」とわたしは呼んだ。こたえはなかった。もう一度呼んだ。手にもったマスケットを見て、それから、死体の数をかぞえた。心臓がドキンと一度硬く鳴ったので、もう一度かぞえた。死んだ男五人とヤギ一ぴき。なかにいるやつも入れると六人。六人はおおすぎる。〉

惨劇の終わった後、コンスタンスは保安官に向かって言いました。
「わたしがみんな殺したんです。ひとりのこらず、わたしのバーソロミューまで」
「いまはお休みにならないといけません、ミセス・トムソン」と保安官が言う。「だれかに荷馬車でお宅まで送らせます」。
ここで彼女は問い返すのです……。
「だれを送るんです？　ここにはわたしが何人もいるんですよ」

こうして小説は終わりますが、苦い後味です。何とか夫を生かせなかったのかと悔しいです。作者のレアード・ハントは実際に南北戦争で死んだ女兵士たちの残した手紙の束に、雷に打たれたような啓発を受けたらしいのです。これを書くぞ！　と思ったのですね。小説の中でコンスタンスは生き残ることだけはできました。そうして大勢の彼女たちが命を賭けて戦った意味を問う、大切なテキストを残してくれた。でも私はちょっと未だにこのラストで心が折れているのです。このラストについては、自分なりにもう少し考え続けてみようと思います。どうもすみません……。

あ。

お詫びに、言い忘れた素晴らしい場面を最後に話しましょう。コンスタンスは将軍の家で世話になっていたとき奥さんの知り合いの女から、コオロギの話を聞いたのです。彼女も一時、兵士をやっていました。それが捕虜になりやがて解放されました。そして戦場跡の松林を行く途中、水を飲もうと池に寄ると、底の浅い池はコオロギの死骸で埋め尽くされていたそうです。

彼女はそれを見て泣きました。コオロギを見ているとあとからあとからのぼってきました。みんな死んでいる。彼女はそう言ってさんざん泣いたのでした。

ここには何も説明がありません。だから彼女の悲しみを理解しにくい人がいるかもしれない。なぜコオロギは死んだんでしょう。敵味方の兵のぶっ放した銃弾や大砲の凄まじさを想像しませんか。巻き添えを喰ったコオロギの数の裏には、見えない兵士の死骸が広がっているんですね。人間の骨はどこかへ運ばれて埋められても、池一面のコオロギはただ引っ繰り返っているだけです。そのまんま。

戦地で思う故郷は、男にとって光る星みたいなものでしょう。でも女性にとってそこはとても居心地の良い、だって自分の手で長年かかって設《しつら》えたわが家なのです。もう永遠の魂の棲家《すみか》ではないですか。ネバーホーム。女たちはそのありえない家へと帰っていくのです。

さて、次回は戦争から離れた面白い本を見つけてこようと思います。私には今、世間で面白いと言われている本は正直あんまり面白くない。変わり者ですからしょうがないですね。

『ネバーホーム』レアード・ハント著／柴田元幸訳（二〇一七年、朝日新聞出版）

『やんごとなき読者』――読書にハマった女王

真の公平ということを知ってる？
女王はね、小説なんて読まないの。
それは個人を中心に書いているからよ。
エリザベス。

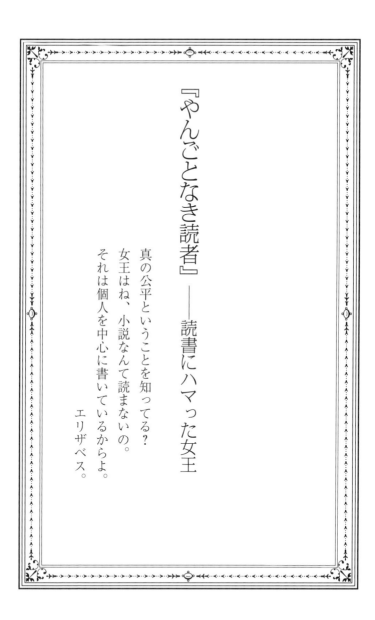

みなさん、こんばんは。今回はどなたもよくご存じの、ある国の女王様の話です。

まず表紙を見てみましょうか。

左頁の図版を見て下さい。本のタイトルは『やんごとなき読者』、著者は劇作家のアラン・ベネットです。王冠をかぶったシルエットの女性が本を読んでいる図ですか。この、やんごとない、というのは、〝高貴な〟というような意味ですね。本の帯の文字がパッと眼に飛び込んできます。

英国現女王
エリザベス二世、
読書にハマる。
おかげで公務はうわの空、
側近たちは大あわて。

え、あのエリザベス女王が読書にハマったんですって？　それじゃあ今まで女王は、本なんかあんまり読んでなかったの？　公務はうわの空ですって。でもエリザベス二世って世界に二人といませんよね。あのお婆さんの女王のことでしょ。現存する王室のことをそんな風に書いていいのでしょうか？

というよりこの小説は、どこまでが本当で、どこからがフィクションなの？

イギリスって紳士の国で堅苦しくて、王室が君臨してる旧弊な国って思っていましたから、こんな小説が出ることに吃驚《びっくり》しませんか。

それもすっぱ抜きの話なんかでなく、純然たる文芸作品というところが、意外と懐《ふところ》の深い国なのかもしれません。シニカルでおとなの国……。こんな本を書いたアラン・ベネットについては後にまた話します。

帯のキャッチは、池内紀《おさむ》さんのひとことです。

とんでもなく
おかしくて、
おもしろい

これだけで、もう読む前から面白い本だという予感が始まります。

次に翻訳家の鴻巣友季子さんも書いています。

なんと
チャーミングな本だろう

さすがのキャッチというか！

この小説の魅力をひと口で言うなら、まさに〝チャーミング〟という言葉に表されています。チャーミングって魅力的とかね、とくに女性によく使われる言葉ですよね。読書に取り憑《つ》かれてしまう老女王の話の、どこがチャーミングなんでしょう。そう、ここではチャーミングの意味が少し変わっているのです。

この物語は人間の魂とか品性、教養に関わる胸の奥の深い問題に迫っています。そういえば難しい話になりそうなものを、そうはさせず、齢《とし》を取った女王が読書のためいつの間にか服やアクセサリーなど、身だしなみに無頓着になっていく。けれどそんな彼女のしんしんと深まっていく魂の至福を〝チャーミング〟とよぶのです。いい感性ですね。

しょっぱなで話がそれますが、本の批評とか感想というものは難しいです。他人の書いたものについていろいろ言うわけです。まあ必然的に褒めたり貶《けな》したりするわけです。当然、言われる側はドキドキしますが、言う側、批評する側も緊張ものです。作家は書く側であったり、ときには書かれる側であったりするのです。

でも第三者として外側から一つの作品を客観的に眺めると、批評するのってやっぱり怖いです。こんなふうに短くて鮮やかな言葉って、なかなか出ないものです。

じつに本というものは作者に力があって、読み取る評者にも同等の力があって、その幸福な息詰まるような相互関係で、作品自体が一層深まっていく。作者が作り、評者がさらに仕上げる。まさに『やんごとなき読者』は評者の言うごとく〝とんでもなくおかしく〟て、そして〝チャーミング〟な本なのです。

では次頁の図版を見てください。これはエリザベス女王の住むバッキンガム宮殿です。約一万坪の敷地に総部屋数七七五、宮殿勤務人員は四五〇名。宮殿というわりには外観が、意外とシャープな感じの建物ですね。

その次の図版を。これは実際にエリザベス女王が飼っている、愛犬のコーギーたちです。イギリスといえば犬ですね。あの（アメリカの）絵本作家のお婆さん、ターシャ・テューダーの

犬たちもこれでしたね。齢を取った老女にコーギー犬は愛らしくて、いかにも合いそうに見えますが、とんでもない。わが家の近くにもコーギーがいましたが、小さいのにうちのラブラドールに猛然と飛びかかって、門の大きな植木鉢を倒したりして大変でした。獰猛《どうもう》なのです。

昔は牧場で牛の世話係だったとか。言うことを聞かない牛には後ろ足をガブッとやるんですって。飼い主の躾《しつけ》が物を言います。ターシャお婆さんもただの老女でなかった。エリザベス女王もね。

もっともイギリスに限らずヨーロッパの人たちは、動物の扱いがうまいです。騎馬民族の血もあるんでしょうか。馬で思い出しましたが、戦時中、日本の軍馬は躾《しつけ》がうまくいかなくて困ったという話も聞きました。農耕民族が馬に戦争のやり方を教えるのは難しい。

犬とヨーロッパ人ということでは、ドイツのレストランで「お子さんはご遠慮を」という札を見ました。でも犬はパスなんですよ。犬が堂々と入って人間の子どもが追っ払われる。ひどいって思ったけど、それだけ犬の躾には厳しいということですね。日本では犬は人間の子ども同然で、向こうでは従僕ですか。ご主人様にどこへでもお伴してお仕えする。

ああ、犬といえば映画の『マリー・アントワネット』でしたか、政略結婚でオーストリアからフランスへ嫁がされるマリーが、両国の国境の地点に着くとテントが張ってあるんです。オーストリア側から彼女が入ると、フランスの召使いたちが待ち構えていて、彼女の国から身に付けてきたもののすべてが剝《は》ぎ取られます。服に下着はもちろん。アクセサリーも犬たちもです。「これからあなた様が必要とされるものは、すべてこちらの国で整えました」というようなわけで、衣服も召使いもそれから犬たちも、輿入《こしい》れするマリーを待っていたんです。そうして彼女はテントのフランス側の口から出ていきます。振り返らずに。とても印象的な場面でした。

上の図版をもう一度、見て下さい。女王が移動するときは犬たちもかならずついて行く。犬好きとしてはたまらない写真です。コーギーたちは王宮のどこへでも、国賓を招く席にもぞろぞろと出張ります。こぼれるほど！

ほら、この子たち、ふわふわまるまるとしてこの毛並み、美味しそうなクッキーに見えませんか？　以前ニュースか何かで聞きましたが、女王が愛したこのコーギーたちの最後の一匹がとうとう死んだとか。女王は嘆き悲しんだそうです。

さて、この犬たちが物語の幕を開ける役をします。場所はバッキンガム宮殿の裏口です。この普段めったに人の出入りのない裏門から女王の犬たちが飛び出たのです。その後を追って女王もあわてて外へ出ます。由々しい事件です。お付きの者もいません。

そこにはウェストミンスター区の移動図書館の車が停まっていて、中ではただ一人の利用者である厨房係のノーマン少年が借り出す本を選んでいた。そこへ犬たちがけたたましく吠えかかったわけです。女王は犬たちを抑えて事なきを得ます。

普通はここで終わりですが、女王はその場にいた司書とノーマンに声をかけます。やんごとなき人物は国民に愛と慈しみをほどこします。「それじゃごめん遊ばせ」と立ち去らないのが女王です。ここの本は一度に六冊まで借り出せるそう。女王が一冊も借りなければ、この司書は移動図書館に何か問題があるのではないかと思うでしょう。

彼女はじつは本などに熱意はなく、適当に「アイヴィ・コンプトン゠バーネット」なら見覚えのある名前だったので、その古くて読者に見放されたような本を借りました。ちなみにコンプトン゠バーネットというイギリスの女性作家の本は、日本では一冊も翻訳されていません。一九〇〇年代初頭の田舎の古い家の話を主《おも》に書いた作家で、エリザベス女王はこの作家に文学上の功績で勲章を授けましたが、こういう本こそ決まって一般には不人気なのですね。とはいえ成り行きで女王は本を読むことになりました。そして一週間後に今度は犬連れでなく、彼女一人で本を返しに行きました。司書の予想に反してコンプトン゠バーネットの本を女王は読了していたのです。

〈「あら、最後までよ。いったん読みだした本は最後まで読むの。そういうふうに育てられたのよ。本も、バターをつけたパンも、マッシュポテトも——お皿の上にあるものは最後まで食べる。昔からそういう主義なのよ」〉

彼女が次に借りたのはナンシー・ミットフォードの『愛の追跡』というものでした。

〈陛下（女王陛下）が今度もまたつまらない本を、たとえば初期のジョージ・エリオットや後期のヘンリー・ジェイムズなどを選んだりしたら、彼女のような新米の読者は、すっかり読書がいやになり、話はそこで終わりだったかもしれない。本を読むのは骨が折れると思いこんでしまっただろう。

しかし、この本にはすぐに夢中になり、その夜、湯たんぽを抱えて女王の寝室の前を通りかかった公爵は彼女の笑い声を聞いた。彼はドアから首を突っこんで訊いた。『大丈夫？』『もちろんよ……』〉

ところが翌朝、彼女は鼻がぐずぐずして風邪かもしれないと偽ったおかげで、一日ベッドから出ずにすみました。女王の風邪は国民に直ちに発表され、これに味をしめた女王は以後、読書のためにしばしば仮病を使うことを覚え、大がかりな予定の調整が必要になるのです。

そもそも読書というものは女王の仕事にとっては百害あって一利もないかもしれません。趣味とは特定のものを好むことで、他のものを排除します。読書はとくに時間的に人を縛ります。利己的な行為ともいえます。それに何にもまして非行動的な行為です。反対に王たる者は本来、行動派です。昔から王の座を獲得するためにどれだけの戦《いく》さがあり、どれだけの血が流れたのか。国王というのはまさに行動する人間の頂点なのです。

こうしてみるとこの物語の主人公は、私たちとまったく別の世界にいて、別の生きる規範を持った人物であることがわかってきます。だってそれでこそ彼女は世界三十一ヵ国の王の中、最高齢の君主として今日まで君臨してきたのですから。

それでは殺し合いや殴り合いで領地を奪い合っていた昔じゃなく、現代の国王が生活の規範にすることは何でしょう。それは今も挙げたように、趣味を持たない、どんなことにも熱中しない冷静さのようです。すべての過度な感情を戒めるならば、過度の怒りも、また反対に過度の愛も問題があるでしょう。国民に平等に愛情を注ぐには、えこ贔屓《ひいき》はいけません。

国王について話すついでに、ここでちょっとイギリスという国の特殊性にも触れたいと思います。私たち日本人が呼び慣れている〈イギリス〉という呼称が、じつは日本の外では通用しないことはすでにご存じでしょう。それらをあらためておさらいすると、英国女王の威徳のおよぶ範囲はじつに広くて複雑です。

〈イギリス〉は正式には「グレート・ブリテンおよび北アイルランド連合王国」という国名です。長たらしいですね。というのも、大きなブリテン島の中にイングランド、ウェールズ、スコットランドの三地方があって、もう一つ、その隣のアイルランド島の北部、つまり北アイルランドとの連合王国というわけです。

その中でスコットランドは独自の議会と通貨なども持っています。サッカーのワールドカップでは、それぞれの地方が独立して出場していますね。

この国を世界地図でちょっと見てみましょう。上の図版をどうぞ。地図といっても昔の何かノスタルジックな地図ですが、いかにもイギリスらしくて、わざわざ古いのを使ってみました。日本で見る世界地図と違うのはイギリスが中央の上の方、ほぼ真ん中にあることです。世界地図は大体この形です。

大英帝国が持っていたかつての植民地も、ひと目で見渡せます。ただこの国が真ん中にくるのは、イギリスのグリニッジ天文台の窓の中心に、世界共通の経度〇度が定められたからです。もっとも測定法が変わって、今は東へ一〇〇メートルほどずれているそうです。

作家で長野県に自然を守る〈アファンの森財団〉を作ったC・W・ニコルさんは、自分はウェールズ人であると語っているのが印象的です。人と祖国は深く結びついている。その接着材として国王の存在がある。何世紀にもわたって領土戦争を繰り返してきたヨーロッパは、祖国への帰属意識が強いと聞きます。そんな複雑な土地と人々を束ねる女王の深謀遠慮というものは、私たちの思いより遥かに込みいっていることでしょう。

読みながらこの作者が上手《うま》いなあと思うのは、本を通していつの間にか読者にふた通りの人間の生き方を考えさせていること。王という特別な人間と、国民という一般人の心の有り様の違いです。大げさに言えばこれは偉大な魂の物語ではないでしょうか。何が偉大かって？　むろんこの場合は、エリザベス女王が偉大というのではありません。ただこの女王が普通人のように自分の縛りを脱して読書好きになっていく。本にハマっていく、その心の、何というか切実な変わり様がそんな感じを与えるのです。やっぱりシェイクスピアの心理劇を生んだ国なのかなあと感心します。

そんな物語の配役は老女と、少年と、犬です。笑わせながら胡椒《こしょう》を効かせたようなシニシズムがある。おとなの上質なメルヘンですか。

さて女王は齢《よわい》八十を前にして（本物は二〇二二年に九十六歳で逝去しましたが）本にのめり込む悪癖が身に付きました。おかげで相手をしてもらえない犬たちは機嫌が悪く、今では女王の付け人も同然のノーマン少年に歯を剝《む》きます。それでも彼は本を読む女王に一心に仕えます。今や女王とノーマンはこの上ない心からの相棒同士です。さすがに女王の個人秘書は苦言を呈しました。

「読書はともすると人を排除するものです」

たしかに旅行に行っても馬車の中で彼女は本を読むのに余念がありません。夫のエディンバラ公爵はぽつんと横に座っているのです。夜更けて公爵の就寝後も、女王の部屋は灯りがともり続けて宮殿の警備係は不審に思うのです。まだ女王様はおやすみにならない。いったい何をしていらっしゃるのだろう。

読書に没頭する者のそばには、人を寄せ付けない高い塀が聳《そび》えています。

ああ思い返せばこの私も、普通人のただの主婦兼母兼作家の私も、本のためにどれだけ夫やわが子を寂しい境遇に追いやったかしれません。人にであっても、本にであっても愛と名の付く情念は偏狭です。広くまんべんなく花をばら撒くか、一カ所にどっさり落とすか。本への愛の難しい深みに女王ははまっていきます。


ところで女王の読書熱に側近や侍従たちは深い疑問を抱きました。いったい女王陛下はなぜこれほど本をむさぼり読むのだろう。彼女ほど世界各地をまわってきた人間はどこにもいない。すでにまだ訪れてない国はほとんどなく、世界中の綺羅星《きらぼし》のような名士に会い、様々な珍しい景色も美しい風景も見てきたのに、なぜ今ごろ本なのだろう。

ここに逆説の問題が出てきます。本物の世界を見たら、もう本はいらないのでしょうか？いったい本物と紙に書かれたものを較べることができるのでしょうか。それらはまったく別々のものです。本物はそこにあるもので、意味なくあり続けるもので、紙に書かれた世界は意味付けをするためにある世界です。思考のために用意し準備されたものです。女王はすでに世界にあるものは見尽くしましたが、まだ自分でよく考えた経験がありません。

女王は八十年近く生きてきて、ここで初めて文字というものが示す〈事実性〉でなく、〈真実性〉を求める世界に踏み込んでいきました。本は入ってくる人を分け隔てしないし、読者がだれであるかも選びません。

「すべての読者は平等である」

ということですね。国王だって理解できないものがある。貧しい人にも真理を掴むことはできる。その真理へ向かう困難に、本を読む人たちは平等に挑んでいるのでした。ここで女王は、

「文学とはひとつの共和国なのだ」

と見事な感想を持ちました。その共和国では彼女は唯一人ではなくて、彼女には見えない世界中の多く人々と平等に肩を並べている。読書人とは身軽な人でもあるわけです。

ここで「文学の共和国」という魅力的な言葉が登場しました。なるほど。この共和国はいろんな種類があります。私は三十年前くらいから文章サークル主宰をしていて、いろんな人々が入ってきては出ていきます。エッセイも書いたことがない主婦もいれば、文学の新人賞をもらった人たちもいる。骨董屋さんもいたし、商店の奥さんも、むろん主婦もたくさんいて、お坊さんも、大学の教授という人たちもいた。学者といっても物理学から児童文学、建築学と分野は様々です。

そんな人たちが文章を書くのが好き、という共通の楽しみで机を並べて分け隔てなく、「〇〇さん」と呼び合っていた。これも「〇〇共和国」ですね。エリザベス女王の「文学の共和国」は宮殿の中で国民は二人です。それでも成り立つのが共和国のいいところです。ノーマン少年と女王だけ。

ところがその幸福な小さい小さい「共和国」が消えるときがきました。女王の読書熱に困り果てた側近たちが、ノーマンを宮殿から追い出したのです。

好きな勉強がやれるように、という口実で遠くの大学に追っ払われました。移動図書館車はとっくに来なくなっていました。すべては重臣たちの策謀だったのです。女王は一人になりました。喜んだのは側近とコーギー犬でしょう。これでやっと落ち着いて彼女は国務に専念できるだろうと、エディンバラ公の喜ぶ顔が見えるようです。

女王はそれからどうしたでしょうか。彼女は少しも変わらず本を取り寄せて一人で読書にいそしみます。国をなくしても彼女は魂を手放しませんでした。

あるとき、彼女は公務でカナダへの旅に立ちました。そこで素晴らしい人物に会うことができたのです。女性作家のアリス・マンロー（一九三一〜）です。むろん女王はナイアガラの滝などには見向きもしません。「もう三回も見たわ」という具合です。

ところが現地の文化人のパーティで女王はマンローと話すことになり、かねて好きだった作家の本をもらうことができたのです。「これ以上にうれしいことがあるでしょうか」という女王のセリフに、読みながら私は涙ぐみたくなりました。

マンローはその後、『小説のように』という小説を書いて、やがて二〇一三年にノーベル文学賞を受賞します。でもこの出会いのとき、時間はまだもう少し前でした。

女王は個人の心の中に入りすぎてはいけない、という信条を守っていますが、小説はまさにその個人の心に分け入るものです。そんなわけで小説は苦手だったのに、彼女はそれを乗り越えて優れた文学を見抜く勘も身に付けていたのでした。

やがて彼女はあることがわかってきます。

小説というものは一直線に書かれるとはかぎらないのだと……。何しろヘンリー・ジェイムズを初めて読んだとき、まどろこしくて「もう、さっさと進みなさいよ。ぐりぐり回ってばかりいないで」と怒った女王でした。そんなにさっさと筋は進まない、紆余曲折があるところに小説の深みと面白さがあることを知ったのです。そしてそれは人生にもいえることではないでしょうか。すると、バルザックも、ツルゲーネフも、コンラッドも、ああ、かつて面倒くさかった小説は何て面白いんでしょう！

女王は自分がすでに読書の先輩だったノーマンを超えていることに気が付きました。独学で読み超えたのです。そうしてどんどん本格的になっていくと、はた目にも見える変化が生まれました。

〈ふつうの女性が二週間のあいだに同じブロックを二回着ても、だらしないとか身なりに無頓着だなどと思われることはないだろう〉

でも女王陛下はそうであってはなりません。そんな暇はないわ。衣装の組み合わせなんかどうでもいい。ついに来るところまで来ました。後はいよいよあることを決行するだけです。八十歳の記念パーティを開いた女王は、そこで皆にやんわりと一つの決心を打ち明け始めました。

〈「ご存じの方もいらっしゃるでしょうが、ここ何年か私は熱心に本を読むようになりました。本は思いもかけないかたちで私の人生を豊かにしてくれました。でも本がしてくれるのはそこまでで、いま私は、読む人間から書く人間になる、あるいはなろうとする時期が来たと思っているんです」〉

彼女は普通人が経験できない稀有な人生を、幸不幸の様々、戦争から私生活にいたる苦悩まで（娘や息子たち、おそらくダイアナ妃の問題はことに重かったろうが）乗り越えてきた。そして自分はただの読者ではありたくないと思うのです。読者は観客に近いが、何かを書くのは行動であり、行動こそが彼女の務めでした。

〈「本はいわばけりをつけてくれるのです」〉

これを聞いて首相は立ち上がりました。「『陛下のお考えはもちろん尊重いたしますが』――と打ち解けた、愛想のいい口調で言う――『陛下は特別な立場にいらっしゃることを忘れていただいては困ります』

『そうそう忘れられるものではありません』女王は答えた。『どうぞ続きを』

『確か君主が本を出したことはないと思いますが』」

いいえ。女王の曽祖母のヴィクトリア女王も『ハイランドの日記より』という本を書いてます。実に退屈な本ですけど。それに伯父のウィンザー公が体験を本に書いたことも女王は挙げました。身内にだって文筆家はいないわけではないのです。すると待っていたかのように首相は勝利の微笑を浮かべて言いました。「陛下、確かにそのとおりですが、違うのは、（ウィンザー公は）退位なさったから書けたんです」。でも女王は少しもひるみませんでした。にっこり笑って答えます。

〈「あら、それを言ってなかったかしら？」

「でも……みなさんにここに集まっていただいたのはどうしてだとお思いになって？」〉

私は辞めるわ。

女王は最初からそれを言うためにそこに立っていたのです。

＊

私は新井潤美《めぐみ》氏の解説に興味を覚えました。「知的でないことの重要性」という見出しです。つまり、「イギリスの上流階級にまつわるイメージの一つに、『あまり知的ではない』というものがある」というのです。なぜでしょう。知性は近代人にとって切実に必要なものではないでしょうか。ところが英国の上流階級の人々は知性や学問と縁なく暮らしてきたといいます。つまり彼らは「土地で暮らす人々」で、田舎には昔、戦いで分捕《ぶんど》った広大な土地と屋敷があって管理に忙しい。犬を連れて狩りにも行かなければならない。自分の土地の見張りも大切だ。地主であり、外で暮らす人である、と。
そういえばウェールズ人を誇りとする〈アファンの森〉のC・W・ニコルさんもコラムにこう書いていますす。

「英国で生まれ育った者にとって、『田舎に住んでいる』と言えるのは誇るに値することなのだ。英国では長きにわたり、『田舎』に土地を持たない都会人には選挙権が与えられなかった。暴動や戦争が起きた際、国を守るための人手や馬、食糧を集めることができないからだ」

（『毎日新聞』二〇一七年三月二十九日）

つまり本物の紳士は「カントリージェントルマン」で、最高の教養とは机上の学問で養われるものでなく、大地に生きる暮らしの実学の方が尊ばれる。そういえばエリザベス女王も広大な農園の持ち主だったことを思い出します。日本の皇室と違って、その前身は血みどろの戦いで土地を奪い取った領主ですから、世界屈指の資産家であるのも不思議ではありません。
昔の英国貴族たちが過度の教養を求めない、というのも、そうしてみるとわからないではありません。「上流階級の紳士にとって、頭があまり良くなくてものを知らないことこそが『美徳』である」というのも含蓄を感じます。

それから余談を一つ。

余談といっても本の話に関連します。

装幀家の毛利一枝さん（本講座の企画者）がこの間、市内の本屋さんに、この本よみ講座のチラシを配りに行ったときのこと。ふと文庫の棚を見ると、ショーペンハウエルの『読書について』が目に留まったんだそうです。岩波文庫のですよ。思わず取り出すと表紙に書いてあった文章にギクッとした。

「読書とは他人にものを考えてもらうことである。一日を多読に費す勤勉な人間はしだいに自分でものを考える力を失ってゆく」（斎藤忍随《にんずい》訳）

この辛辣《しんらつ》な皮肉屋の哲学者の名言に、私もギョッとなりました。確かに何冊も読んでいると、自分の頭が何か安全な乗物に乗っかっているような、妙な気分になるときがあります。エリザベスもそのことに気付いたのですね。ショーペンハウエルは、読書で積み重ねた知識の材料は自分への消化と同化、有機的な洞察力のもとに置かねば、ただの音楽の破片をまき散らすようなことになる、と述べています。いや、参りました。

最後に作者のアラン・ベネットの紹介です。彼は『やんごとなき読者』の前に、『ヒストリーボーイズ』という映画の脚本を書いてトニー賞をもらいました。この作品はイギリスのスクールものですが、教養とは何かというテーマを扱って、日本でもDVDが発売、二〇一四年に舞台化もされました。真の知性を問うベネットの思索は続いているようです。

では今夜はこれにて。

後でワインを飲みながらの懇親会が始まります。えー、皆さん、もうすこしお待ちを。

『やんごとなき読者』アラン・ベネット著／市川恵里訳（二〇〇九年、白水社／二〇二一年、白水社uブックス）

『チェルノブイリ原発事故』

――原発事故と小説

原子力発電所が爆発した朝、わたしは脳腫瘍で手術室に入った弟のため、病院からの電話を待っていた。窓の外は桜が真っ白に満開だった。

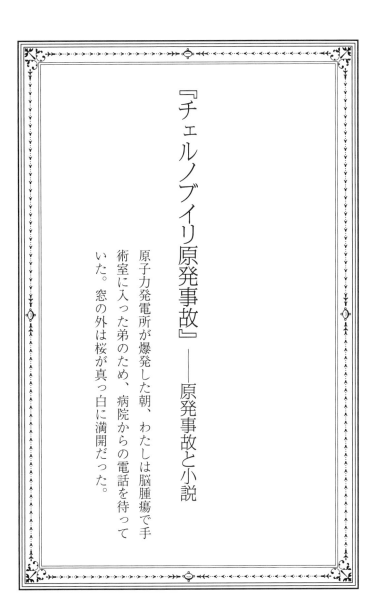

みなさん、こんばんは。今回はドイツのクリスタ・ヴォルフという、女性文学者が書いた小説を紹介します。小説であります。

どうしてわざわざ小説であることを強調するかというと、この作品のタイトルに注目してください。『チェルノブイリ原発事故』っていうのです。私は原発関係の書籍をインターネットで検索していたとき、まさかこれが小説とは思いもしませんでした。

それで資料用として取り寄せたところ、何とこの本がれっきとしたドイツの名高い女性作家の文学作品だとわかったんです。一九八七年に発表され、一九九七年に日本語版として翻訳刊行されたものですから、ヴォルフが執筆して今年で三十六年も経っているわけです。ちなみにチェルノブイリ原子力発電所が爆発したのは、一九八六年です。

もうそんなに昔のことになったのか、と驚きの方が先に立ちます。しかし東日本大震災のときの福島原発爆発からも、すでに十二年が経っているではないですか。歳月の流れはチェルノブイリ原発にも福島原発にも、新たな人間の智慧というようなものを授けてくれたでしょうか。どうもそうではないようです。チェルノブイリの石棺からは周囲の土壌へ放射性物質が洩れ出ていて、福島原発の汚染水はあと三年で満杯になり、海へ放出するしかないと……。私たちが生きるための地球の水や大気は有限です。

福島原発事故の後、日本ではこの危機に題材を得た小説が続々と刊行されました。一九四五年八月の広島・長崎の原爆投下の後も、戦後ずっと原爆物の文学作品が書き継がれました。原子爆弾の小説はどれも生真面目な書きぶりでした。文学としてもそんな時代でありました。

ところが時代が進んだせいで、今は原発関連の小説の書きぶりは多彩です。熊の神様が登場する川上弘美の短篇『神様２０１１』から、被災地がいつの間にか巨大な船になって出航する奇妙な長編、池澤夏樹の『双頭の船』、タイトルだって高橋源一郎の『恋する原発』なんてびっくりする角度から書いたような小説もある。けれど現代の文学作品が、どれだけこの問題を衝《つ》いたのか。自分も含めて忸怩《じくじ》たる思いです。

そうして今、三十六年前のヴォルフの古典的というか、正攻法に思いを表した小説を読みまして、こういう作品の強さにも打たれたのです。今回はそんなまごうかたなき直球のクリスタ・ヴォルフの世界を語りたいと思います。

ところで先にも言いました、この無味乾燥というか、事故の報告書みたいなタイトルのことです。これは邦訳で、原題は Störfall といい、字義通り「故障」となるようです。ただの「故障」です。これも、ちょっと困るというか、あっさりし過ぎています。翻訳者泣かせのタイトルと言うべきかな。原題が「故障」では、そのまま直訳というのも素っ気なさ過ぎて、思案の結果が、この『チェルノブイリ原発事故』となってしまったのでしょうか。

ただ小説を書く人間の側から考えると、「故障」というタイトルもアリかなと思わぬでもないのです。人類史上最悪のこの巨大事故のいきさつを書くのに、いったいどんな言葉を持ってくればいいのか。思いつく限りの言葉を探し疲れて、ほっと息を抜いてただひと言。「故障」とだけ、逆に最小限の言葉を見つけた……。

わかる、わかるわ。ヴォルフさん。

何となくうなずいてしまう。そんな気持ちもするのです。ただ翻訳の保坂一夫氏はさぞや難渋したのではないでしょうか。原題と異なるタイトルをつけるわけにはいかないのでしょうね。

しかしこの味気ないタイトルの小説の導入部は素晴らしいのです。私は最初の数行を読んだだけで、思わず座位を正してしまいました。そこのくだりを少し読んでみます。どうぞ聞いてください。

〈ある日のことでした（わたしには、あの日のことは、現在形では書くことができません）。〉

と、こう主人公の内心の語りも入れて、この話は始まるのです。

〈あの日、たぶん桜は満開でした。そしてたぶん、わたしは「爆発」という表現を考えまいとしていたと思います。桜の爆発。わずか一年前でしたら、まったく無意識にとは、もはや言えないでしょうが、思いつくだけでなく、平気で爆発と言っていたでしょう。緑の爆発。自然現象を表わすのに、今年ほど、こうした表現がぴったりなことはありませんでした。長い冬もすぎて、ようやく訪れた春は、暑いと言ったほうがいいほどでした。〉

これを読みながらヨーロッパのどこの国だったか、秋の紅葉が凄まじいほどの赤、赤、赤、で描かれているのを思い出します。ヴォルフがいた北ドイツのメクレンブルクは冬が厳しいだけに、春の到来を告げる桜の満開は、ほんとうに、ドカーン！　と爆発するように思えるのではないでしょうか。さてその次の文章は筆致が変わります。

〈ずっとあとになってから、あの時期に花をつけた果実は食べてはいけないという噂がひろがりましたが、あの日の朝のわたしは、そんなこととはつゆ知らず、いつもの朝のよう

に、隣家の鶏が播《ま》いたばかりのわが家の草の種を蹴散らすのを見て、腹を立てていました。〉

それは一九八六年四月二十六日のことでした。日本風にいえば草木も眠る、午前一時二十三分です。チェルノブイリ原発四号炉が炉心融解後の爆発を起こしました。消火活動の甲斐なく、広島に投下された原子爆弾の四百倍の放射性物質が放出されたのです。

ここでヴォルフは、ふと声を落とすように静かに話題を変えました。今は朝の七時です、と彼女は誰かに語りかけています。弟よ、あなたはもう精神安定剤の注射は三十分前にすみましたね。病棟から手術室へ移されてきたところですか？　と。

どうやらこの作品は、姉が弟に寄せた想いを描くもののようです。

原発の爆発事故の折も折、弟は脳腫瘍の手術を受けることになっていました。三十数年前の脳手術ですから、東ドイツの首都東ベルリンの病院で行われたのでしょうか。そのときヴォルフは例年、春から夏を、ドイツ北部の別荘で過ごしていたようです。それで弟の手術の始まる朝から終了する夕べまで、家にこもって電話の知らせを待つ長い一日が始まるのでした。

〈あなたのような病状の患者の手術は、いちばん最初に行なわれます。髪を剃《そ》られた頭の中がぐるぐるまわって、さぞ不快なことでしょうが、（中略）すべてはうまくいきます。あなたが麻酔で眠ってしまう前に、これだけはテレパシーで伝えておきます。わかりますか？　すべてはうまくいきますよ。〉

難易度の高い手術が朝一番に始まることは日本も外国も変わらないのでしょうか。つまり当時、先端医療だった脳腫瘍の手術と、科学文明の頂点の原発事故が、その朝ヴォルフに「明」と「暗」の光と影をもって降りかかってきたのです。彼女は弟の命を先端医学に託し、科学が生み出したチェルノブイリの災厄に固唾《かたず》を呑んでいます。

この導入部だけで、小説が抱えている世界の重さと苦渋の一部が垣間見えてくるのではないでしょうか。弟の手術は成功するのか。原発事故は修復するのか……。三十六年後の私たち読者には、チェルノブイリ原発のその後はもう周知のことですね。

その災厄の春の朝、ヴォルフの見まわした北ドイツの広大な野に桜の花々は爆発したのです。この始終を記した小説のタイトルを、彼女はただひと言「故障」としか表わせなかった……。万感の思い、悲哀や憤《いきどお》りを込めて抑えて、多くの過激な言葉を呑み込んで「故障」とした。英語なら、アクシデント、ですね。

クリスタ・ヴォルフは感情を抑える知的・冷静な女性作家で、社会的な視座で小説を書き続け、七巻の選集が邦訳されています。二〇一一年に亡くなりましたが、チェルノブイリ原発とその一帯が巨大なデストピア、死の町になったのを見届けて永眠したことになります。

しかしこれは原発文学であるけれど、一方で私などまだ行ったことのないドイツの地方の情景が細やかに描かれています。地平線の彼方にどっしりと腰を落ち着けた太陽は、日本と比較にならない広さを想像させます。ヴォルフの家の畑の土は野菜を植えるには重すぎる。土が重すぎるって何のこと？　粘土質で固いのです。石みたいで鍬《くわ》も歯が立たない。それでもこつこつと鍬で掘り続け、サラダ菜やほうれん草の種を蒔《ま》く。

でもそんな畑仕事をやりながら、彼女は声に出して罵《ののし》るのをやめられない。誰に怒っているの？

雲や太陽はもう人間が親しみを抱いて振り仰ぐものではなくなった。雲は恐るべき放射能を含んだ塵《ちり》によって作られた。光り輝く太陽はこんな青空にも生じるホールアウト（放射性降下物）を教えてくれる。もう野菜は人間の健康に害毒を与える食べ物となったのです。

いったいチェルノブイリ原発はどうなっているのか。ヴォルフにはわかりません。それは彼女だけでなく、原発を管理するソビエト連邦のウクライナ・ソビエト社会主義共和国のチェルノブイリ原発の所長も、学者たちも知ることはできませんでした。

ここで原発の所在地であるウクライナのキエフ（現在のキーウ）州と、ヴォルフの住んでいる旧東ドイツのメクレンブルクを地図で見てみると、島国の日本と違って、ヨーロッパの国境は海ではなく陸続きで、ソ連で爆発・飛散した放射性物質はアッという間にドイツにも飛んできます。

ソ連のウクライナで起こった事件は、たちまち中央ヨーロッパから北ヨーロッパの問題になるのです。

午前一時過ぎに爆発事故が起きて、眠りを叩き破られた所長が一時間後に駆けつけたとき、現地の放射線の線量計は限界値を振り切っていたのです。事故直後に到着して活動した消防士たちは、放射性物質の煤煙や瓦礫《がれき》が危険であることを知らされなかった。それで午前五時までに火を消し止めたが、保護具も着用していなかったので、ほとんど三週間以内に死亡します。

即死じゃないのね、と思われるかもしれませんが、二〇一五年のノーベル文学賞作家、スベトラーナ・アレクシエービッチの『チェルノブイリの祈り』という、いわゆる聞き書きの本で、この消防士たちの妻の一人が夫の死を語る章があります。まだ二十三歳の若い妻です。

この本もぜひ読んでください。原発事故で被災した人びとが語る、全編が話し言葉で書かれた、とても読みやすくて、しかし読み終えるには心の苦しい本であります。

消防士の夫は妻が抱きつくことも、キスすることもできない体となっていました。全身被曝で致死量の四倍の放射線を浴びている。病室に入ることも許されない。ついに若い妻は隙を見て部屋に入ります。全身が水疱に覆われ、頭を動かすと枕に髪の毛の束が残る。一日三十回余りの下痢には血と粘液が混じっている。全身皮膚の剝《む》けた血だらけの体は無菌テントに横たわり、一日一回消毒液の風呂に浸けるときは絶叫が響きました。

「ご主人は人間じゃないの、もう原子炉なのよ」

看護師から妻はそう言われました。夫は致死量の四〇〇レントゲンの四倍にあたる、一六〇〇レントゲンも浴びていたのです。彼女はその日から生きた人間原子炉に付き添って死の看取りをしました。

言葉で語られる事柄の背後には、必ず眼を覆う現実があります。チェルノブイリ原発はウクライナの北端にあり、隣のベラルーシとの境界近くに位置します。その隣国はポーランドで、ヴォルフの住むドイツはその向こうです。それでも事故の灰は流れてくるのです。先にも言ったように放射性降下物質は広島原爆の四百倍です。

初期消火で働いて亡くなったチェルノブイリ近郊の消防士たちの後は、ヘリコプターで総計五千トンの砂、ホウ素、水を撒《ま》きました。原発の建屋の屋根には穴が開いていて、そこから出る高濃度の放射性物質のため、屋根に登った清掃作業員はわずか二分で被曝致死量に達します。

チェルノブイリ原発の全景。矢印が事故現場の４号炉

この決死の「清掃人」の正確な数はわからないが、五十万から八十万人と言われます。

この放射能は眼に見えない雲になって、たちまち数週間内にバルト海を越え、スウェーデンに異常数値となって現れると、スカンディナビア半島を回り、東ドイツ、チェコスロヴァキア、モスクワにも至りました。ベルギー、オランダ、スウェーデン、イタリアでは生ものの摂取を禁じ、牛たちは牛小屋に閉じ込められたのです。

この大きなヨーロッパ大陸の地図に、日本地図を重ね合わせるとチェルノブイリの被害のケタが想像できると思います。

弟の手術終了の電話を待ちながら、ヴォルフは人間の頭脳が解明した世界の最小物質である「原子」のことを考えます。原子爆弾はその「原子」の扉を一挙に解放して核分裂させるものです。原子力発電はその小さな「原子」を一個ずつ、ゆっくり分裂・爆発させて熱エネルギーを得ます。

そして彼女はこんな奇妙なことを思うのです。

〈妙なことに、ギリシア語の「原子」も、ラテン語の「個性」も、分割できないものという意味です。この言葉を考え出した人びとは、核分裂も精神分裂も知りませんでした。古代には分割不可能と見なされていた人格をますます細部に分裂させ、その細部全部をさらに再分裂させていく現代の強制力は、いったいどこからくるのでしょうか――〉

参りました。原子核の分裂と、人間の精神の分裂を並べて考えるヴォルフには、現代の学問と現代の医学は細分化へ向かう異常な情熱に見えたのではないでしょうか。けれどその細分化した医学の鋭いメスが、今も弟の頭蓋骨の一部を切り取っているのでした。

キャビネットの上の電話が鳴りました。掛けてきたのは弟の妻です。

〈彼のことは、お知らせすることはまだ何もないのよ。看護婦がまだ手術中ですって。(中略) まだ病棟に戻っていないのよ。長すぎる。わたしたちは二人ともそう思いました。

六時間は長すぎるわね。〉

ヴォルフはまた腰を落ち着け、麻酔で眠る遠い場所の弟に語りかけます。

〈あなたが睡眠中に、あるいは半睡状態のときに受けそびれた情報のうち、もっとも重要なものを伝えてあげます。先週の土曜日、現地時間で一時二十三分に、原子炉第四ブロックの機械室で火災が発生し、それを消すために、思いがけない不幸な事態がいくつも重なることになりました。物理学者の言葉によりますと、最高でも一万年に一回の確率で生ずることが、今、現実に生じたのです。一万年が一日に濃縮され、確率の法則はわたしたちに、それが無視しえないものであることを理解させてくれました。〉

ヴォルフもポカンとしているのではないでしょうか。一万年に一回の確率で起こるほどの大災厄がですよ、それが建造されて十年も経たない原子炉に壊滅的事故が起きたわけです。それがなぜ一万年に一回の確率と言えるのでしょう。たった十年ですよ。

チェルノブイリ原発の着工は一九七一年で、七八年に一号炉が運転を開始しました。四号炉が爆発したのは八六年ですね。この四号炉が出来て運転を開始したのが八三年ですから、着工から十二年後に完成して、三年で爆発した。それだけ原発は難しいといえばそうでしょうが、あまりにも儚《はかな》すぎませんか。

造るより、壊れてしまうまでの時間の方が短いなんて。

そして壊れやすい原発が儚く壊れたとき、空中に飛散する放射性物質の方が寿命が長いのです。ヨウ素の半減期は八日間と比較的短いけど、セシウムは三十年です。赤ん坊が結婚して子どもをもうける年齢です。ただ放射性物質はヨウ素みたいに半減期が短いほうが、三十年のセシウムより悪性で激しいのです。

とはいえヴォルフの語ることは、三十六年前の言葉とは思えない。まるでつい先頃、私たち日本人が話し合っていた言葉のような気がします。ええ、二〇一一年の福島原発事故のとき、みんなで交わしていた言葉です。

ヴォルフはこう言います。

〈危険域をよりによって正確に三〇キロメートルの範囲に指定しているのは、誰なのでしょう？　なぜ三〇キロなのでしょう？　なぜ、いつもこうした切りのよい数なのでしょう？　なぜ二九キロや三三キロではないのでしょう？　それは、わたしたちの計算が割り切れないこと、自然も、自然ならざるものも、わたしたちの十進法どおりにはいかないことを告白するものではないでしょうか。（中略）この重大な危険に人間が晒《さら》されていてよい期間、晒されうる期間、あるいは晒されねばならない期間を。そして、あなた、危険の限界を確定し、その範囲内で生きていけとわたしたちに命じているのは、誰なのでしょう？〉

そしてヴォルフはこの小説の中で最も鋭い指摘、えぐるような皮肉をこんな言葉で記しました。

〈わたしたち人間の進化は、いったいどの曲がり角で道を誤り、快感充足と破壊衝動とを重ね合わせてしまったのでしょう？（中略）わたしたち普通の人間が「生活」と呼んでいるものからこれほどまでに隔絶させているのでしょう？　自分の解放より原子の「解放」を優先させるくらいですから、それはさぞ甚大な恐怖にちがいありません……〉

ヴォルフの冷徹な絶望感は女性には珍しく思えます。その沈痛な心の底では原発への焦燥感だけでなく、彼女の生まれ育った故郷のプロイセンから、敗戦後、東ドイツへ強制移住させられた少女期の、常に黒い雲の影のような正体の見えない戦争の影に追われていた。ユダヤ人だったヴォルフの女友達は、ヒトラーの時代にベルリンを去って行きました。
今、彼女の住む土地にも、昔にゲシュタポの運転手だった男や、捕虜収容所の兵士だった年寄りがいます。人を殺したり、自分も殺されかけたりした老人が生きています。戦争と原発は根元は違うように見えますが、人間の業欲という見方をすれば同じものです。
夜、待っていた電話がありました。弟の妻からです。もう心配はない、と夜勤の看護婦が言ってくれたというのです。

〈それどころか、患者さんは気がついていて、喉が渇くと言われるものですから、水を差しあげましたよ。そう言ったんですって。わたしはあなたの渇きを癒《いや》してくれたその看護婦に、どんなに感謝したことでしょう。〉

ヴォルフはようやく泥のように疲れた心と体を、ベッドに横たえます。眠り込む間に集中治療室の点滴の装置が浮かんできました。夢うつつの中に何ものかの声が聞こえ、それは浅い夢のようでした。深夜、泣き声がして、飛び起きました。モンスター！　と叫んでいます。モンスターはたぶん黒い大きな天を衝《つ》くような影でしょう。原発か、戦争か、そんなものであるはずです。

そして泣き声は彼女自身のものでした。

〈わたしは夢を見ていたのです。夢の中では、ちょうど、目の前に迫るほど巨大な月が不気味な形にくずれて、あっというまに地平線の彼方に沈み、そのあとの暗黒の夜空に、死んだ母の大きな写真が張りつけられていました。わたしは大声で叫びました。〉


この作品はチェルノブイリ原発が爆発した一九八六年四月から二カ月後に執筆が始められ、九月に脱稿しました。私の感想では異例の速さです。ヴォルフ自身もそう思ったのではないでしょうか。

弟が手術から生還して、快復する時期にも当たるのでしょうか。いずれにしても、その間ひたすら彼女はこの作品を書き続けたのですね。


あとがきには訳者とルポライターの鎌田慧《さとし》、ドイツ文学者の藤井啓司の三人と並んで、反原発派の代表的核物理学者、故・高木仁三郎の「深い霧の中で」という文章が寄せられています。ここには原子力の専門家の苦衷《くちゅう》が正直に述べられて、一通りでない読み応えがありました。

科学を営みとする自分たちは、「桜の爆発」という冒頭の一行から最後まで、鮮烈、斬新で圧倒されたが、喉元に突き刺さるような問い詰めに、感想を述べる言葉がうまく出ない、というような言葉が記されているのでした。というのもチェルノブイリ原発の爆発は、いったい核爆発なのか、水蒸気爆発なのか、それとも水素爆発か、基本的なことさえわかっていないといいます。議論は行われたものの途中で投げ出され、コンピュータのシミュレーションも追いつかなかった。

旧ソ連は事故を小さく見せたがり、ＩＡＥＡ（国際原子力機関）の意図も加わり霧に包まれているといいます。この作品を読んで高木仁三郎は、Ｒ・Ｗという原発事故の理論で世界一級という人物の言葉を挙げました。チェルノブイリ後の世界の原子力状況をさして、次のように慨嘆したというのです。

原子力発電とは「暗闇でライトなしで車を運転するようなものだ」と。

現代文明の行き詰まりの、混迷の霧の深さが仄《ほの》見えるような言葉ではないでしょうか。そしてこの霧の中にあるのは原発だけでなく、ここでは科学の恩恵としての現代の最先端医学も、今や倫理の問題に背を向けることができない領域に差しかかっています。

三十六年前の混迷の霧は未だに晴れていないように見えます。クリスタ・ヴォルフの嘆きは今も晴れていない。当時のリアリティを持つ真っ直ぐな文章であるだけに、その矢は正しくあやまたず刺さってきます。

今はこの本の作者ヴォルフと、あとがきを記した二人の学者、高木仁三郎、藤井啓司両氏は亡くなりました。後には科学と文学の二つの世界からの問いが、宙に浮いて残っている。そんな思いがします。

考え続けねばならないと私は思います。

今回の本よみでは、先ほどちょっとお話しした『チェルノブイリの祈り――未来の物語』(スベトラーナ・アレクシエービッチ著、松本妙子訳、岩波現代文庫)を併せて紹介します。被曝した子どもたちは、一人また一人と病室の窓から空へ飛んでいくのです。つまり「死」ですね。そのために一人の少年は夜、夢の中で空を飛ぶ練習をするのです。読んでみてください。

『チェルノブイリ原発事故』(クリスタ・ヴォルフ著/保坂一夫訳「クリスタ・ヴォルフ選集2」一九九七年、恒文社)

「おーい　でてこーい」

『いつか深い穴に落ちるまで』

――地球に穴を掘る話

落ちたらさいご、その穴からはもう出られない。

「永遠に落ち続けるの？」

「いいえ、永遠に高速で行ったり来たりするの。

燃え尽きるまでね」

みなさん、こんばんは。

今夜は穴掘りの話です。地球に穴を開けて見事、貫通させせようというおかしな話の本です。日本から掘ったらどこへ抜けますか？　ブラジルですか。

ここに持って来た本は二冊です。最初に紹介するのはＳＦ作家の星新一のショートショート「おーい　でてこーい」。四百字詰原稿用紙でわずか九枚ほどの作品。

もう一冊は二〇一八年に河出書房新社の文藝賞を取った、山野辺太郎の『いつか深い穴に落ちるまで』。こちらは原稿用紙二百三十枚ほどの長編です。

九枚と二百三十余枚の作品が、同じようなテーマを扱っている。小説って面白いです。長さは関係ない。むしろ長さの違いに意味があるのかもしれません。

「おーい　でてこーい」は、星新一の数多《あまた》のショートショートの中でも、ベスト5に入る名作です。私が初めて読んだのは何十年前か、もう覚えていないくらいです。

最初に発表されたのは一九五八年。昭和三十三年秋で、私は十三歳です。翌年が当時の皇太子明仁《あきひと》親王と正田《しょうだ》美智子さんの御成婚、といえば時代が摑めるでしょう。

ちなみにこの作品が出た前年に、（茨城県）東海村の原子力研究所にわが国初の「原子の火」がともりました。つまり昭和三十年、敗戦から十年後に広島で世界十五ヵ国が集まって「第一回原水爆禁止世界大会」が開かれました。その二年後に「原子の火」がともり、その翌年に「おーい　でてこーい」が発表された。この時間のつながり、覚えていてくださいね。ではアッという間に終わってしまうこのショートショートから始めます。短い話だから、かいつまんで紹介します。

台風一過の晴れたある日のことです。都会からあまり離れていないある村でも、被害がありました。村はずれの小さい社《やしろ》が崖崩れで流されて、直径一メートルほどの穴ができていました。村人が集まって覗き込んでも中は暗くて見えない。何か地球の芯までつき抜けてるみたいに深ーい感じがする。

「おーい、でてこーい」

と叫んでみるが反響なし。

「ばちが当るかもしれないから、やめとけよ。」

と止めるのもかまわず、石ころを投げ込む者。だがしーんとしてやっぱり反響はない。これからどうしたらいいものか、村人たちは思案に暮れた。ところが翌日、新聞社の車が飛んできた。学者もやってきた。野次馬もきた。目付きのよくない利権屋みたいなのも現れた。

新聞記者が長いひもの先におもりをつけて下ろしたが途中で千切れてしまう。写真機を持って穴に潜ろうとした記者は、それを見てやめる。学者が拡声器で大音量を底の方に響かせたが、穴は平然とそれも呑み込んだ。とうとう恐ろしくなって穴を埋めようということになったが、でもいったいどうやってこの深い穴を埋めるのか。そこへ利権屋が身を乗り出し、新しい社を建てるのと交換条件に穴を買い取った。それから利権屋は都会で宣伝を始める。

素晴らしい深い穴がありますよ！　何でも捨てられる穴です。大丈夫、数千年は絶対地上に害は出ません。

官庁から許可が降りると、原子力発電会社は我先《われさき》にと契約した。利益の半分は村に返します。たちまち広い道路ができ上がり、原子炉の滓《かす》を鉛の箱に詰めたトラックがどんどんやってきて箱を穴へ捨てていく。外務省や防衛庁は機密書類の箱を、大学の研究所は伝染病の実験に使った動物の死骸を、引き取り手のないホームレスの死骸も、みな一緒に投げ込まれる。やがて都会の糞尿も従来の海に流す方法より、こっちのほうがいいと長いパイプラインの計画ができた。

さあ。もう安心ですね。都会の住民たちはこれから生産だけを考えていればいい。後始末の心配もない。婚約の決まった娘は古い日記を、警察は押収した偽札の束を、犯罪者は証拠物件を穴に投げ込んでホッとします。何でも引き受けてくれる穴のおかげで、都会の汚れは減り、海や空も以前より澄んだように見えてきました。

そしてその綺麗な空めがけて、新しいビルが続々建てられていきます。……さてその最後のシーンは、こんなふうに書かれていますよ。原文を読みます。

〈ある日、建築中のビルの高い鉄骨の上でひと仕事を終えた作業員が、ひと休みしていた。彼は頭の上で、

「おーい、でてこーい。」

と叫ぶ声を聞いた。しかし、見上げた空には、なにもなかった。青空がひろがっているだけだった。彼は、気のせいかな、と思った。そして、もとの姿勢にもどった時、声のした方角から、小さな石ころが彼をかすめて落ちていった。

しかし彼は、ますます美しくなってゆく都会のスカイラインをぼんやり眺めていたので、それには気がつかなかった。〉

どうでしょう。のどかな村の風景にポッカリ開いた暗い穴。最初に穴が発見されたときの、村人の声と投げ込んだ石ころがなぜか天から降ってくる。穴が地球を貫通しているんじゃない

かと、そんなことが薄々感じられてきますよね。でもその穴は地面の下に開いていて、頭上の空につながっているわけじゃないのに、なぜ空から落ちてきたのでしょう。

短くて単純なこの話が、読後、深く感じられるのは、ラストのこの上下感覚の転倒にあるんじゃないかと思います。どうして天から人の声と石が降ってくるのか。地球は回転しているので、裏側へ抜けていた声と石ころは、やがて時間差で空から落ちてきたのでしょうか。どうもそう考えるほかはないけれど、しかし美しい青空に、まるで神様が投げ返したとでもいうような、ヒヤリとする感じを覚えます。

そして短いストーリィを鋭く引き締めているのは、今から読み直せば昭和三十年代に早くも原発の核廃棄物の処理などが語られるからでしょう。

星新一は元号が昭和と変わる大正最後の年生まれです。その二年後は、あの芥川龍之介が「ぼんやりした不安」というような言葉を残して自殺した年です。日本がまもなく満州事変、日中戦争、太平洋戦争へとまっしぐらに進んでいく時代が待っていました。

ですが、星新一は重い文学ではなくＳＦ小説、あるいはショートショートという形を始めから選んでいます。彼の父は若くしてアメリカに渡り、コロンビア大学に学び、帰国後、外科手術用の麻酔薬開発で折からのドイツと提携し、みずから設立した星製薬会社を東洋一にのし上げました。明治四十年代のことです。
星新一はその長男として金の匙《さじ》をくわえて生まれてきたような人ですが、やがて太平洋戦争末期、空襲で主な工場を焼失し敗戦で海外の拠点も失います。そして父の急死で大きな傾いた船のような製薬会社を継いだとき、彼は大学院在籍中でした。東大を中退して巨額の負債を抱えた彼は、人の世の酷薄、無慈悲、この世の地獄を見ます。その後、ようやく星製薬を他社に譲渡すると、復学します。それからSFの執筆に入りますが、以後の膨大な星新一作品は残酷な殺人やグロテスクな性、風俗を描かなかった。それは現実世界の辛酸《しんさん》を舐《な》めたせいでしょう。「おーい　でてこーい」も作品の底をよく見ると、救いのない恐ろしい話ですが、用心深く陰惨な描写は取り除かれています。湿気のないカラリとした彼特有の恐怖世界の特徴が出ています。

私はこの話をよくできた科学読み物として、長いこと頭の隅に眠らせていました。ところが、ある小説に出会ってハッと思い出したのです。そのきっかけになった作品が、冒頭に紹介した第五十五回文藝賞受賞作『いつか深い穴に落ちるまで』でした。こちらも地球に穴を開けるのです。穴を開けて、何とブラジル側に貫通させるのです。SFでもエンターテインメント小説でもありません。大真面目な話です。表紙の、焼き鳥の串に貫通された小さな地球の絵は意味深ですが、私はこの表紙は似合わない気がする。軽すぎます。

さて敗戦から間もない東京の闇市で、運輸省の若手官僚の山本清晴が、焼き鳥をあてにカストリ焼酎を飲みながら、ふと奇想天外な国家プロジェクトを思いつきます。

「我が国の大地に、ブラジルへと続く、底のない穴を空けましょう」

なぜ、そんな穴を？　当然、上司は呆れますが、

「だって、近道じゃありませんか。船でブラジルまで行くのに何日かかるんです？」

山本青年の答えはこうです。人を食ってます。読む方の私は、バカ言え、そんな手には乗らないぞ、と思うのですが、小説もさるもの、そこへ持っていくのに妙なリアリティがあるのです。もともと山本は学徒出陣で出撃に駆り出され、敗戦で戦時の責務を果たせなかった無念を抱いています。

一方の上司はかつて鉄道省の官吏で、戦時は南満州鉄道の業務に就いていたけれど、帰国すると狭い国土には鉄道を敷く地面もない。敗戦で落としそびれた部下と上司の命の生かしどころが、じつは底のない穴掘削《くっさく》事業に向かわせる。虚と実とを巧みに綯《な》い交《ま》ぜた文章で、あり得ないホラ小説に乗せられていきます。

やがて計画書が起草され、事業が本格化するまで実に数十年の歳月がかかりました。その間の数々の会議で、穴掘り事業の必要性は幾つもの名目を生んで流れていきました。よく考えた

ものです。

第一の名目は、敗戦で壊滅した航空産業に取って代わる交通手段の開発というもの。ゼロ戦の燃料を松ヤニから得た戦時中から比べれば、穴の高速移動の実現は夢のようですよね。

第二に、戦争放棄した世界は、遠く離れた国々へ友好的に行き来できることが望ましい。土木技術がその理念に加担するという。

第三は、広大な南米の大地への迅速な移民の輸送。

第四は、世界大戦でまぼろしと消えたオリンピック東京大会の外国客への利便性。

第五は、冷戦下の核戦争の危機を見越した、究極の防空壕として。また地球の裏側への避難通路。

第六は、中東戦争に伴うオイルショックへの対応。南米の豊富な石油埋蔵量が穴の向こうに光っている、と。

まあ本当に真面目によく考えた小説であること、感心しますが、あるときの計画会議で運輸省の幹部が、

「具体的に、どんな技術で穴を掘るというんだ？」

との質問に、山本はまたもや澄まして答えるのです。

「温泉を掘る技術です」

ただそれだけ。しかしこの計画は穴の向こう側の国にも承諾を得なければなりませんね。そこで山本清晴青年（この頃にはもうだいぶ年を取っています）がブラジルに飛んでいくと、相手側にも異論はありません。

「オーケー。その話に乗ろう。エキサイティングな計画じゃないか」

こうして事業は次の問題へと移ります。未曽有の掘削工事の予算取りです。大蔵省との攻防の末、研究開発中のリニアモーターカーの予算に混ぜ込むという案で決まった。えっ、そりゃあ反対じゃないかしら。地球掘削の予算に、リニアモーターカーの工事費を混ぜるんじゃないですか？　と、ときどき真に迫り、たまにホラが入りながら話は進んでいきます。

その間に山本青年は穏やかに老けていき、会議では静かに聞き役にまわるようになります。そして事業化が決定する二カ月前に、運輸省ＯＢとなった彼は膵臓癌《すいぞうがん》で亡くなります。

さて山本に代わる次の登場人物は、大手建設会社に勤める鈴木一夫という大学の土木工学出の青年です。穴掘り工事のため山梨県にできた子会社に派遣されます。事業内容がリニアモーターカーに関連するというので、彼は期待したわけですが、仕事は広報係というわけ。

行ってみると現場は鉄板の塀で囲われ、広報係も立ち入りできません。内部の機密保持も固いけど、鉄板の外のもろもろを記録する仕事も膨大です。なぜそこが山梨県かというと、リニアによる東海道新幹線を超える高速移動を懸案中で、つまり日の当たる路線では高速の水平横移動をめざし、陰では縦向きの垂直移動をもくろんで、横と縦を組み合わせるんです。

東京・大阪から走ってくると、富士山の麓《ふもと》から穴を下ってはるかブラジルへと結ぶことになる。

その大工事現場の事務所が、緑深い山あいにある三階建てプレハブ小屋でした。外壁に「安全第一」と書いた幕が張ってある。ブラジルへも出張で行きました。向こうにもジャングルの中に貫通先の工事現場がある。木の柵を張り巡らしただけの敷地に事務所があって、日系の父親と、ポルトガル系とインディオの血をひくルイーザという娘が広報係です。彼女が柵のこっちから小さい穴を見せてくれました。それが穴の出口なんです。

日本に帰った鈴木は、事務所の床のずっと真下の方にルイーザがいると思うと頰が火照《ほて》ってくるのでした。

ホラ話といかにもシリアスな話を織り交ぜて、偽装工作からなるこの小説は戦後の昭和史をひたむきに走り続ける電車です。ストーリィを克明に紹介するため、私はしゃべっているわけではありません。本当に穴が掘れるのか？　読み手の問い詰めを逸《そ》らすため、偽装電車はつまり、ああ言えばこう言います。上手い、その手口というか、口先、語りを知っていただきたいからです。

騙しながら場面はやがて土壇場を迎えます。実際、穴の縁を見おろすどん詰まり、土壇場に鈴木一夫は立たされるのです。三・一一の東日本大震災が過ぎていき、工事はリオデジャネイロ五輪の開催に間に合うよう、急ピッチで進みます。日本側の入り口も、出口側のブラジルの方も、です。そしてとうとう華やかな開通テストの日を迎えます。

鈴木は穴が貫通したときの通行人になるのかとみれば、なんとただ一人の主役でした。それも水泳の水着を用意させられます。

「水着を着て、どうするんです？」

「飛び込むんだ」

穴に？　穴の通行にはボブスレー型の乗物を開発中だが、間に合わなかった。ブラジル側の穴の出口では大きな虫捕り網が用意されているのでした。その前にルイーザが固唾《かたず》を呑んで祈っているでしょう！

そんなアホな。ここへきて読み手は愕然《がくぜん》とします。冗談じゃない。弁護士を呼んでこい。学徒動員の戦時中じゃないぞ。召集令状は効《き》かないぞ。現代日本の国家プロジェクトにそんなのありかしら？

しかしもう決まったのです。鈴木一夫は夢の中のルイーザに、虫捕り網を二重にしてくれと願います。前の晩、何度か寝返りを打ちながら夢の中で穴に落ちました。生き物の器官みたいに広がったりすぼまったりする穴を、ものすごい速さで落ちていくばかり。そこは漆黒の闇でした。

あくる日は好天で澄み渡った空に白い筋雲がたなびいています。吹奏楽の音とともに縁に立つと、穴はただのマンホールより少し大きいくらいです。力士たちがブラジル巡業に行くときにも入れるようにというのが、穴の広さの基準でした。ラストは鈴木一夫が穴へと飛んで、誰もいなくなったスタート台が残っている。

それから場面が変わるとブラジルの穴の出口です。五人掛かりの大きな虫捕り網の一端をルイーザが握って待っています。そのラストの文章はこうです。

〈日付が変わって一分足らずというとき。轟音《ごうおん》とともにすさまじい勢いの風が穴から吹き出て、網を一瞬持ち上げ、過ぎ去っていった。網の底が焼き切れて、焦げくさいにおいが漂いだしていた。

わたしは柄から手を放し、立ち上がって空を見上げた。満天の星がまたたいていた。どこへ行ったのだろう。通り抜けていった者の姿は、見えなかった。〉

うーん。途中の紆余曲折《うよきょくせつ》の展開はうまいけれど、でも最後の穴へ飛び込む場面はちょっと難しかったように思えます。本当にこれでいいのか。やっぱり、弁護士を呼んでこい！　という気がしないでもありません。吹奏楽の音とともに、これで幕となる。

とはいえ、ここまで引っ張ってきた小説の牽引力は受賞作に恥じないと思います。選考委員の評価も良かったです。虚実を積み上げて書き切った。文芸評論家の斎藤美奈子選考委員の選評に、膝を打ちました。こんなに単刀直入に分かりやすく、本質を言い得た選評も珍しいと感心します。彼女はあっけらかんと褒めた後に、このように続けます。

「この種のバカ話が私は大好きなので◎をつけそうになったのですが、ひっかかったのはただひとつ。この人たちは土木工事をどう考えているのか。または地球の内部構造を知っているのか？

『学研まんが　できるできないのひみつ』という本に『地球のうらがわまであなをほって荷物を送れるか？』という章があり、この小説とそっくりな命題が検証されているのですけれど、そのレベルの理科的な議論が一切ない。作者はもちろん知っていて無視したのでしょう。それでも気になりだすと気になって、数日間、私は地球の穴のことばかり考えていた。歴史も政治も経済も周囲はがっちり固められているのに、土木だけが空白ってどういうこと?」

しかし彼女はやがて一気に了解します。つまりこの小説は中心部に穴が開いているのだと。地球の穴と小説の穴。穴のアナロジー。地球に底のない穴を掘るような仕事をする人は、実際にも大勢いるだろうというのです。結びの二文はさすがでした。

「SFとは一線を画した文科系の土木小説。この野蛮さは大物の証拠かもしれません」

文科系の土木小説なんて、この見方も突拍子もなく抜けてますね。

さて星新一と山野辺太郎の作品を読み終えたところで、三冊目の本を紹介します。今回は関連本をいろいろ出します。斎藤選考委員があげていた〈学研まんがひみつシリーズ〉の『できるできないのひみつ』。上の図がその表紙です。もろ地球に穴が開いてますね。初版は一九七六年で四十七年前。古書を探すと、アマゾンのサイトでは五万円から十万円以上のものもあり

ました！　ファンの熱望で電子書籍の復刻版も出ました。

私はこの初版を昔、八百五十円で買ったのです。子どもの学習まんがを、斎藤さんはどんなわけで持っておられたのでしょう？　文系の私たちこそ、じつはこんな小学生の理科シリーズなどを持つべきと思います。なぜなら『できるできない』の目次には、地球に穴を開ける話のほかにもいろんな項目が並んでいるからです。

☆　人間は、鳥のように飛ぶことができるか？
☆　人間は、どこまで深く海にもぐれるか？
☆　いちばんかたいダイヤモンドは
　　どうやって、けずったり切ったりするのか？
☆　マイナス何度まで冷やすことができるか？

昔、学校に通えなかった私の祖母なら言うでしょう。

「そんなこと考える暇があったら、美味《うま》いご飯の炊き方ば勉強せい」

これは古い考えに聞こえるけど、ご飯の炊き方は実学です。今はこの「実学」偏重で、文学その他の人文系が軽んじられる現代の風潮と符合します。明治生まれで十三人きょうだいの長女だった、私の祖母の思惑と似ています。

まんが『できるできないのひみつ』では、男の子が地球の裏側のアルゼンチンのおばさんに、安い料金で早く荷物を送ろうと考えます。地球のものはすべて下に落ちる。ニュートンの言う通り。では穴を掘ろう！

しかし地球の直径は約一万三千キロメートル。実はアメリカが挑戦した地球の穴掘りの最長記録はたった九五八三メートルでした。ついでソ連が威信にかけて掘りましたが、こちらも約一万二千メートルで止まりました。地熱が百八十度を超えたからです。目標の一万五千メートルまで掘れば地熱は三百度に達するといいます。これを掘削する機械がありません。

でも『できるできないのひみつ』の漫画なら、高熱対応の穴掘り機とやらで地球の底をポコッと開けてしまいます。そこへネコが魚を投げ入れます。ところがそこに引力の問題が起きました。引力というのはご存じの通り地表で最も強く、中へ潜るほど弱まり、中心でゼロになります。

ネコが投げ込んだ魚は中心でピタリと止まりました。でもここに慣性の法則というものがあって、反動によって中心より向こう側へ進んでいって止まるんだそうです。すると今度は反対側の地表からの引力で、また逆に落ちていきます。こうして行ったりきたり繰り返すうちに、ついに中心で止まってしまう。もう動かなくなる……。

「もう少し高い所から落とせば加速がつく！」

とネコはまた次の策を考えます。いやいや、その前にまだ難問があるんじゃ、とご隠居さんが首を横に振る。穴の向こう側まで片道四十五分で行く。中心では秒速八キロメートルにもなるからです。ところが穴の中は空気の抵抗が待ち構えています。

「そのスピードなら空気の摩擦で七千度になる」

アポロのカプセルも流星も燃え尽きる温度です。ネコの魚は黒焦げどころか形もなくなる。それならどうする？　男の子とネコはまだねばります。そこでアポロ並のカプセルを造って魚を入れる。そして向こう側へ着いたら冷やせばいい！

「あはははは」

とおじいさんが笑う。トンネルの中心は空気がぎゅうぎゅうに詰まっていて、深海千キロメートルの圧力と同じになる。十万気圧の空気ってどんなだかわかりますか？

「鉄よりも固いんじゃ」

つまり穴を掘って、その中の鉄より固い空気の壁を掘りながら進むことになるんです。ついに男の子とネコはシャベルを放り投げて逃げていく。

今まで世界で一番深く人間が掘った穴は、ソ連の一万二千メートルですが、左の地球の内部の絵をごらんください。それって地表の一番上の地殻の半分にも達していない。玉葱の皮ほどの薄さでしょうか。荒涼としたコラ半島（ロシア北西部）に掘った穴は、蓋が閉められたまま廃墟のようになっています。ネットで調べると出てくるので、ごらんになるといいです。

さて、そろそろ最後の四冊目の本になります。ええ、まだ続きがあったんです。ある日、私は新聞の書評欄に思わず眼を吸い寄せられました。

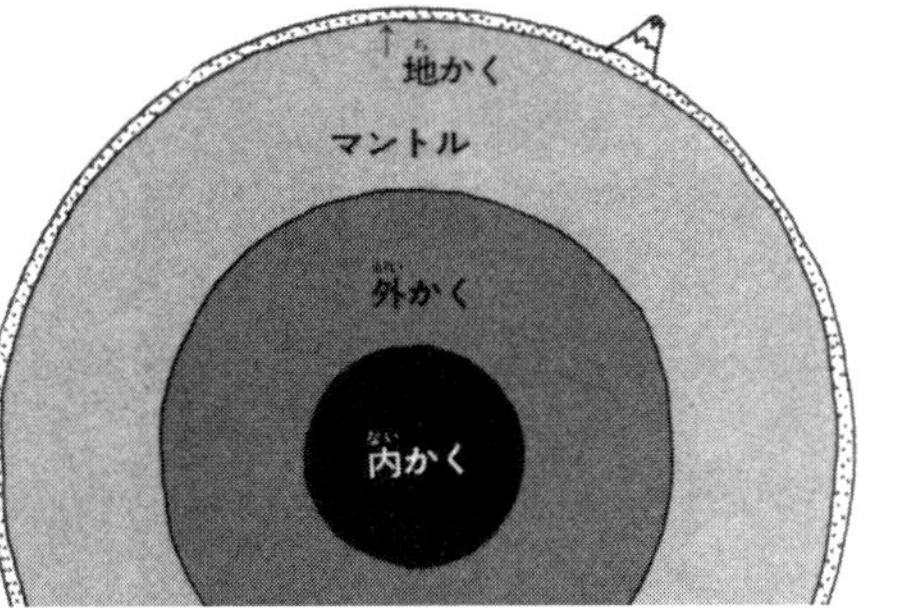

地球内部の様子（『できるできないのひみつ』より）

『オックスフォード＆ケンブリッジ大学　世界一「考えさせられる」入試問題：「あなたは自分を利口だと思いますか？」』（ジョン・ファーンドン著、小田島恒志・小田島則子訳、二〇一七年、河出文庫）。

オックスフォード大学とケンブリッジ大学で、入学試験の面接官が出した問題集なのです。筆記試験でなく面接ですよ。一筋縄でいかない大学の一筋縄でいかない面接問題から、選りすぐった難問奇問を集めたものです。有難いことに教授たちの解答付きです。たとえばこんなふうです。

☆　蟻《あり》を落とすとどうなりますか？

☆　棒高跳の世界記録はなぜ六・五メートル程度で、なぜ破られないのですか？
☆　誠実は法律のどこにおさまるでしょうか？
☆　もし全能の神がいるとしたら、彼は自身が持ち上げられない石を造ることができるでしょうか？
☆　カタツムリには意識はあるでしょうか？
☆　木を描くとします。その木は現実のものですか？

これらの質問は正解を求めるものではないんだとか。自身の持つ知識と経験と機知を総動員して、論理的思考の道筋を立て、しかも口頭で試験官の面前で当意即妙に自論を述べる。苦悶あり、爆笑ありの面接室の情景が見えてくるようです。

ここでは実学の「美味しいご飯の炊き方」も、苦悶と爆笑の講義になりそうではないですか。ああ。何て楽しそう。学問は役に立たないことにこそ真髄がある！　それを地で行っている感じです。そして私が驚いたのは、それらの問いの中に次の文章を見つけたからです。

☆　もし、地面を地球の裏側まで掘って、その穴に飛び込んだらどうなりますか？

じつはこれ、ケンブリッジ大学の学生たちが挑んできた、有名な難問であるといいます。さっきの『できるできないのひみつ』を思い出してください。穴は掘れないのです。これが真実。でもそのできないことをどのように仮説で展開していくか。正解を求めるのでなく、『いつか深い穴に落ちるまで』の山本清晴や鈴木一夫や『できるできないのひみつ』の男の子やネコをどう動かして展開するか。

著者の解答では、この問いに挑むには魔法のロープを何本も使わねばならないと記してあります。たとえばネコの落とした魚が中心で止まるくだりでは、答えはこのようになります。

〈結局、こうして何度も上がったり下がったりした後、均衡点で浮遊することになる。地球の半径は約四千マイルなので、私の推測では、この均衡点は地下約千マイルのあたりかと思われる。あなたは地下千マイルの暗闇にいつまでも漂うのだ、誰かが親切にも魔法のロープを投げ入れてくれるまでは……〉

「おーい。星新一さーん。これで終わりです。こんなものでどうでしょう!」

「おーい　でてこーい」(星新一著『おーい　でてこーい　ショートショート傑作選』(二〇〇一年、講談

社青い鳥文庫）
『いつか深い穴に落ちるまで』山野辺太郎著（二〇一八年、河出書房新社）
学研まんが　ひみつシリーズ『できるできないのひみつ』佐々木宗雄監修／内山安二漫画（一九七六年、学習研究社）＊現在はkindleで読むことができる。
『オックスフォード＆ケンブリッジ大学　世界一「考えさせられる」入試問題：「あなたは自分を利口だと思いますか？」』ジョン・ファーンドン著、小田島恒志・小田島則子訳（二〇一七年、河出文庫）

『唱歌の社会史　なつかしさとあやうさと』――故郷と唱歌

天に二つの日は照らず／凌ぐは何ぞ星条旗／目指すはハワイ真珠湾

この歌、知ってる？　北原白秋の作詞よ。

みなさん、こんばんは。今日は子どもの頃によく歌った唱歌や童謡にまつわる話です。唱歌と童謡は違うのかって？　違います。唱歌は学校の音楽の教科書に載っている歌です。童謡もやはり子どもの歌ですが、学校とは関係なくラジオなどで歌われたものです。

私が中学生の頃、不思議な歌が流れていました。ご存じの方も結構いらっしゃるでしょうが、『ペチカ』っていう歌です。曲名のペチカがわからないのです。作詞は北原白秋、作曲は山田耕筰の名コンビです。歌詞は五番までありますが、ここでは二番まで出します。

一　ゆき　の　ふる　よ　は　たのしい　ペチカ。
　　ペチカ　もえろ　よ　おはなし　しましょ。
　　むかし　むかし　よ、
　　もえろ　よ　ペチカ。

二　ゆき　の　ふる　よ　は　たのしい　ペチカ。

ペチカ　もえろ　よ　おもて　は　さむい。
くり（栗）　や、くり　や　と
よびます。ペチカ。

冬の暖房器具なら、昔は火鉢にストーブくらいで、ペチカなんて見たことも聞いたこともない。私の子ども時代の冬は今よりずっと寒くてよく雪が積もりました。普通の家で暖まるものは火鉢くらい。寒かったですよ。だからペチカは知らないけど、雪の夜の家庭の温かい団欒《だんらん》が眼に浮かぶような歌詞で、私の心は惹きつけられたんでしょうね。知らないけど懐かしい。でも謎の歌だった。

『まちぼうけ』もそんな一つです。これも白秋と山田耕筰のコンビで作ったものです。

一　まちぼうけ、まちぼうけ。
ある　日、せつせ　と　のらかせぎ、
そこ　へ、うさぎ　が　とんで　でて、
ころり、ころげた、

木　の　ねつこ。

二　まちぼうけ、まちぼうけ。
しめた、これ　から　ねて　またう　か、
まてば　えもの　は　かけて　くる。
うさぎ　ぶつかれ、
木　の　ねつこ。

これは中国の戦国期末の思想家、韓非子《かんぴし》が集めた話の中の「守株待兎《しゅしゅたいと》」という農民の失敗談を歌にしたものです。畑仕事をしていたら兎がどこからかすっ飛んできて、木の切り株にぶち当たって死んでしまった。世の中には信じられない偶然があるもので、喜んだ農夫は翌《あく》る日から鍬《くわ》を放り投げて、木の株のそばで兎を待ちます。今日は寝て待つだけでいい。うまい切り株、というわけで、偶然とはたまーに起きることですが、それを今か今かと待ち続けて、ラストの五番はこうなりますね。

五　まちぼうけ、まちぼうけ。

もと　は　すずしい　きびばたけ。
いま　は　あれの　の　はうきぐさ（ほうき草）。
さむい　きたかぜ、
木　の　ねつこ。

この歌の舞台はずいぶん広い草原みたいです。何しろ兎がぴょーんと向こうから飛んでくるのです。今日も明日も明後日も待ちぼうけの長い時間が、見渡す限りの広い野原に流れます。日本の田舎には山があり川があり林があって田畑もある。この歌の広大な草原の感覚は、日本とは何やら趣《おもむき》が違います。

その歌の舞台がわかったのは最近でした。戦時中に中国大陸へ移住した人びとを小説に書くため調べていると、満州の唱歌としてこの二つが歌われていたんです。満州の冬、草木も凍りつくような曠野《こうや》が茫々《ぼうぼう》と続いています。そこへ三十万近い人びとが狭い日本を脱して行きました。新しく生まれた満州国というのは名目で、実態は日本の植民地でした。

今夜みなさんに紹介する『唱歌の社会史』では、日本の近現代史と唱歌の関係をそれぞれの分野の研究者が語り合います。中に登場する『ペチカ』とはロシア式の暖房機器具のことで、白秋は歌詞に取り入れましたが実際に満州で使われていたのはおもにオンドルで、現地の実情にそぐわないというか、やがて唱歌教科書から外されていったようです。『ペチカ』や『待ちぼうけ』の歌ができたのは大正十三年（一九二四）でした。第一次大戦が終わって六年後、第二次大戦が始まるまであと十五年という頃です。そんな昔の歌を私みたいな戦後の中学生がなぜ知っていたかというと、当時流行《はや》っていた「うたごえ運動」で、満州の歌なども息を吹き返したからではないかと思います。

そういえば中学校の音楽の時間に、教科書にはない『ともしび』や『草原情歌』を教師が教えてくれた記憶があります。今調べると、これらの歌は「うたごえ運動」でとくに愛唱されたもので、この運動は学生や労働者を中心とした政治活動でもありました。『ともしび』はロシアの、『草原情歌』は中国の新疆《しんきょう》カザフ族の民謡から生まれた名曲です。

私はこれらの歌のフレーズを思い出すと妙に心が震えます。当時のロシアや中国内陸部など、まだ行ったことがない土地にどうして強い既視感や、疑似的な望郷の念を催すのでしょう。今もなお不思議な気持ちを抱えています。

ということで、今度は唱歌の重要なテーマである「故郷」についての歌を見ることにします。日本の唱歌では「故郷」は離れていくもの、そこから出ていくものとして歌われることがほとんどです。ずっと故郷に居続けるという歌は見当たらない。「故郷」とは思い出なんです。ここに紹介するのは田舎を出ていった者の追憶の歌です。

故郷《ふるさと》

高野辰之　作詞／岡野貞一　作曲

一　兎《うさぎ》追いしかの山
　小鮒《こぶな》釣りしかの川
　夢は今もめぐりて
　忘れがたき故郷

年配の方で知らない人はないでしょう。歌詞の一番では故郷の山河を思い出し、二番では残してきた父母や友を偲《しの》び、最後の三番はこんな絶唱で終わります。

三　こころざしをはたして
　いつの日にか帰らん
　山はあおき故郷
　水は清き故郷

文中の座談会で古典文学と政治思想史の中西光雄は、この「いつの日にか帰らん」は「帰りたい」ということであると言います。そして「帰りたい」は究極、「帰れない」を暗示させる。そんな別れがつきものの故郷が唱歌では歌われているというのでした。

そこで私が思い出すのは、世界的な細菌学者、野口英世に母シカさんが宛てた、たどたどしい手紙です。貧しい農家に生まれた野口は独学で医学を修め、アメリカへ渡るとノーベル賞候補に推される医学者になりました。そんな息子に年老いた非識字者の母が手紙を綴ったのです。

「はるになるト　みなほかいド（ほかの所）に　い（行っ）てしまいます　わたしも　こころぼそくありまする　ド（どう）かはやくきてくだされ（中略）はやくきてくた（だ）されはやくきてくたされ　はやくきてくたされ　いしよ（一生）のたのみて（頼みで）ありまする」

渡米から十五年後の大正四年、野口は日本の人びとと報道陣の歓迎の嵐に迎えられて帰国し、母の待つ故郷の土を踏みました。三年後にシカさんが逝去します。この後、野口も二度めの帰郷は果たせないまま、アフリカで黄熱病《おうねつびょう》に罹《かか》って亡くなりました。

『故郷』の歌が出たのは、こういう時代でありました。

もう一つ、『故郷を離るる歌』も見てみましょう。これは大正二年、東京音楽学校教授の吉丸一昌の作詞です。曲はドイツ民謡。吉丸は大分県臼杵《うすき》に生まれ、熊本第五高等学校を経て東京帝国大学を卒業します。こちらも立身出世コースの人でしょう。

故郷を離るる歌

一
園の小百合《さゆり》　なでしこ　垣根の千草
今日は汝《なれ》を眺むる　最終《おわり》の日なり
おもえば涙　膝を浸す　さらば故郷《ふるさと》
さらば故郷　さらば故郷　故郷さらば

二
土筆《つくし》摘みし　岡辺《おかべ》よ　社《やしろ》の森よ
小鮒《こぶな》釣りし　小川よ　柳の土手よ
別るる我を哀れと見よ　さらば故郷
さらば故郷　さらば故郷　故郷さらば

三　ここに立ちてさらばと別れを告げん
山の影の故郷　静かに眠れ
夕日は落ちて黄昏《たそがれ》たり　さらば故郷
さらば故郷　さらば故郷　故郷さらば

各章の終わりの「さらば故郷、さらば故郷」の詠嘆、哀調の歌詞をどう思われますか。これほど別れがたい故郷を出てまで、この時代の人は、……ということはこの時代では男子ですが、東京に出て日本第一の学問の府に入ろうと志す。当時の男子の立志には、金持ちになろうとか有名人になりたいとかいう、若者らしい願望だけではない、もっと別の、国家がらみの鼓舞があったようです。この時代ほど国家が人材を渇望したときはなかった。

立身出世というものが個人の理想だけでなく、国が国民に要請するものでもあったのです。国民の膨大な立志のエネルギーを吸収して、巨大な中央集権国家の建設がおこなわれた時代ですね。こういう世に生まれた男子には、故郷は離れていくもの、後ろに置いていくもので、必然的に別れの歌となったのですね。

次に日本文化研究の山室信一が『故郷の廃家《はいか》』にまつわるエピソードを語ります。昭和二十年二月の玉砕《ぎょくさい》の刻《とき》が迫った、あの硫黄島《いおうとう》のことでした。夕日が落ちる頃、一人の少年兵が壕の外へ出て『故郷の廃家』を歌い始めたというのです。それに誘われるように壕に潜んでいた兵士たちも次々に出てきて、皆で涙を流しながら声を合わせて歌い出した。まだ若い二十歳に満たない兵士ばかりだったといいます。

ここで山室信一は硫黄島の玉砕がもたらした、日本の戦争終結に関わる重い意味を考えます。硫黄島の決着がついたとき、アメリカ軍は最終的に勝ったとはいえ、そのときの激戦で打ちのめされていたのでした。死守する日本兵二万一千に対し、米軍は十一万の軍勢で圧倒的な数ではありました。最初から勝敗は決まっていたんです。

ところがその結果たるや、ほぼ全滅同然の日本兵の死者二万に対し、米軍も七千の骸《むくろ》を積み上げていたのです。しかも負傷兵が二万二千というから、凄惨な死闘の中のからくもの勝利でした。だからこそ上陸した米軍は勝利の国旗を立てて、かの有名な写真を撮り、記念すべき彫刻（海兵隊戦争記念碑）まで作りました。

この惨澹《さんたん》たる体験から、米軍は日本上陸に際する大きな犠牲を予想して、ポツダム宣言で終戦を呼びかけ、それが拒絶されると広島・長崎に原子爆弾を落とし、それによってアメリカは百万の兵士の命を未然に救ったのだ、という原爆神話が生まれることになったといいます。

日本が敗戦に至る道筋に、硫黄島の死闘は深く関わっているのだというのです。涙を流してみなで合唱したときの歌の力は、集団や個人がある一つの重大な決断をするとき、最後のひと押しの駆動力になるのではないか。説得力のある論考でした。

故郷についてもう一つ、これは私が以前に読んだ内山節《たかし》の『ローカリズム言論』〈農山漁村文化協会〉に書かれていた話を思い出したのですが、『故郷』の出だしのフレーズ〈兎追いしかの山〉の歌詞についてです。この歌は子どもたちが兎を追って遊んでいる、じつはそんなのどかな情景ではなかったようです。

日清・日露の戦争以降、兵士たちが寒い国に出征するためには毛皮の襟巻きが必需品だった。当時の軍服の生地は木綿で防寒着にならない。毛皮の生産は一挙に軍需産業となり、狩猟もしかりというわけです。山村の学童はお国のために兎を捕まえて供出しようという運動が始まった。小学校の軒先に兎の屍骸《しがい》がずらりと吊されて、その下に子どもたちの並んだ記念写真があるそうです。

小さいときは兎捕りに野山を駈けて、大きくなると故郷を捨てていくのですね。すると「故郷に錦を飾る」という言葉は、故郷に帰って暮らすのではなく、つまり出世してちょっと田舎に帰ってくることです。

では日本によって植民地支配を受けた朝鮮や中国、台湾で、幼年期に日本語教育を受けて、地名や自分の名前までも日本名に変えさせられた人びとには、故郷の記憶とはどんなものだったのでしょうか。

在日の詩人・金時鐘《キムシジョン》は釜山《プサン》に生まれ、幼年期は済州島の国民学校に入学。当時の日本語教育のもと父親の持っていた『トルストイ全集』や『世界文学全集』を読みふけり、朝鮮語はほとんど読み書きできなかったそうです。小学校のとき真珠湾攻撃を知って、自分も兵学校に入る決心をしたものの父親に泣かれて、無念のうちに断念した。もう日本人に負けない立派な皇国少年です。

敗戦のとき彼は天皇への申し訳なさにむせび泣いたといいます。人は幼少時の教育や生活習慣でこうも変えられていくのですね。金時鐘が本当の朝鮮人になるためには、その後の「自分の所在探し」を経なければならなかった。国家という大きなものが、植民地の子どもに犯したアイデンティティの傷の深さを知らされました。

金時鐘は子ども時代を振り返ります。植民地の皇民化施策は厳しい物理的収奪によってではなく、親しみやすい小学唱歌や童謡、抒情歌により、懐かしく沁み入るように少年の体に入ってきたといいます。それらのすべては日本の歌でありました。彼の耳に馴染んだ『朧《おぼろ》月夜』

（作詞・高野辰之、作曲・岡野貞一）は、少年期の金時鐘の情感を深く彩ったと自伝に記されています。

　菜の花畠《ばたけ》に　入日《いりひ》薄れ／見わたす山の端《は》　霞ふかし／春風そよふく　空を見れば／夕月かかりて　におい淡し

　まるで一幅の墨絵が浮かぶような純日本的情景ですね。これが朝鮮の金少年の心に深く沁み込んで、今も思い出せば瞼《まぶた》が潤《うる》むというのです。

韓国・済州島の自然豊かな風景

　植民地支配に用いられた唱歌や童謡の優しさと懐かしさを、今の私たちはどう理解すればいいのでしょう。金時鐘の心にある故郷とはどういうものなんでしょうか。故郷は生まれ育った土地に帰属するものではないのですね。国の縛《しば》りから緩く外されて思い出の中にただ居続ける、今はどこにもない土地。自分の幻想と、自分の記憶によって在り続ける場所ですね。

　そういえば私の夫は旧満州の奉天《ほうてん》市に生まれました。満州国は日本の敗戦と共に消え去り、奉天も今では瀋陽《しんよう》と名前が変わりました。敗戦の翌年、夫は六歳で母親に手を引かれて帰還船

旧満州時代の奉天駅前の風景

に乗り、博多港に辿《たど》り着きました。夫の心の故郷は奉天か、帰国後に一時身を寄せた大分の田舎か。現在の日本には国土の異なるいくつかの故郷をもった人たちがまだ生きています。

故郷と土地のつながりが出たところで、次は少し改まって、日本の国土について考えます。子どもの唱歌がとんでもないところへ行きますね。国土はときどき揺れ動くものです。地震じゃなくて、人間が自ら起こす戦争などによって、国の境界線が変動します。国によっては揺れるだけじゃなくて、ヨーロッパのように真っ二つに割れたり、全体がごっそりと消滅したりしてしまうところもあります。

日本の変動はどの程度の範囲なんでしょうか。具体的にいつどのように変動したのか。それを小学唱歌の『蛍の光』で見てみましょう。『蛍の光』には戦前に作られた旧版があります。それも何度も一部作り直されていて、国土の変遷を見るにはもってこいといえるのです。

歌の原曲はスコットランド民謡、歌詞は音楽取調掛の稲垣千頴《ちかい》、明治十四年発行の唱歌教科書に載ったはじめの題名は『蛍』でした。一番と二番の歌詞は現在歌われているのと同じです。みなさん、これこそご存じですね。

一　ほたるのひかり　まどのゆき／書《ふみ》よむつき日　かさねつつ／いつしか年も　すぎのとを／あけてぞけさは　わかれゆく

二　とまるもゆくも　かぎりとて／かたみにおもう　ちよろづの／こころのはしを　ひとことに／さきくとばかり　うたふなり

では戦前の改変・抹消される前の『蛍』はどんな歌だったのか。今は消えてしまった三番の歌詞から見ましょう。

三　つくしのきわみ　みちのおく
うみやまとおく　へだつとも
そのまごころは　へだてなく
ひとつにつくせ　くにのため

〈つくしのきわみ〉は北部九州の筑紫です。日本列島の南の端から、〈みちのおく〉陸奥地方、つまり北の地のことで、それらは海山をはさんで遠く隔たっているというのですね。けれどもみんなの真心は分けることなく、一つになって国のために尽くそう、という。

南北に細長い日本列島の姿を、ここに再確認させていますね。その後に〈ひとつにつくせくにのため〉で、明治初年の並々ならぬ建国意識の発揚をうながしている。そして四番ではこうなります。

四　千島《ちしま》のおくも　おきなわも
やしまのうちの　まもりなり
いたらんくにに　いさおしく
つとめよわがせ　つつがなく

この千島とはどこにあるのか。鎖国を解いた日本は、明治八年に国境線を確定するためロシアと話し合い、「樺太《からふと》・千島交換条約」を取り決めました。北海道のさらに北の島、樺太は昔から日本とロシア両国の人びとが一緒に暮らしていましたが、その樺太をロシアが取り、代わりに日本は千島列島のすべての島を我がものとしたのです。千島列島はもっと北のカムチャツカ半島の近くまで連なっているので、〈千島のおく〉というのですね。

それに続く〈おきなわも〉は、明治五年、琉球王朝を強引に日本がこっちへ引っ張り込んで、琉球藩にしたのです。これを「琉球処分」といいます。琉球は王朝の国でした。それを「処分」して、日本に「編入」したわけです。

「処分」とか「編入」とか一方的な言葉で驚きます。そして歌詞は、その琉球つまり沖縄も、〈やしまのうちの　まもりなり〉と続きます。やしまは『古事記』にも出てくる古い言葉で、八つの島からなるという日本国のことです。大八洲《おおやしま》ともいいます。ほんとに小さい国なのにね。

次の〈いたらんくに〉は、至らん国、つまり派遣された地、ということでしょう。戦地というか。赴任させられたところへ行って、〈いさおしく〉は勲しくと書きますが、勲を国語辞典で引くと「名誉ある功績をあげる」などとあります。戦場へ行って武勲を立てることですね。〈つとめよわがせ〉は勤めよ我が夫。昔は「背《せ》の君《きみ》」なんて言葉がありました。夫とか恋人、男性です。そして〈つつがなく〉で終わる……。戦争に行って武勲を立てて、どうぞ恙《つつが》なく、と見送る。昔はこう言って送り出す妻がいて、「うむ」と出て行く夫がいたのでしょう。

こうして見ると『蛍』は小学唱歌ではないのかもしれません。子どもたちに理解できるとは思えません。先の中西光雄によると、当時の尋常小学校は子どもだけでなくいろいろな年齢の人たちが混じっていたといいます。さらに調べてみると小学校は一年単位の履修制になっていて、六年経てば卒業式という現代のあり方とは違っていた。きちんとしたセレモニーらしい「卒業式」がおこなわれたのは、当時では「兵学校」と「師範学校」しかありえない。その頃、東京帝国大学はまだ開設前で、「師範学校」の卒業証書を得ることがエリートの証《あかし》でした。

とくに「東京師範学校」の卒業生はその頂点で、全国の官立の師範学校に教師となって赴任していく。彼らの果たすべき役割は非常に大きくて、ここの卒業式では天皇の臨席のもとに『蛍』が歌われたといいます。洟《はな》を垂らした子どもたちの卒業式を思い浮かべていたら、とんでもない。どうりで国威発揚の凄い歌詞だったはずです。

参りました。

ついでに面白いこぼれ話を一つ。

歌の題名にもなった蛍ですが、卒業式のイメージなら蛍じゃなくて桜だろうと思いませんか。春の蛍はおりません。ところが当時の師範学校の学年歴は、九月が新学期で卒業は七月だったのです。蛍の季節にぴったり合うんです。なぜ昔は新学期が秋だったのか。首をかしげていると、ふと思い出したのはヨーロッパの大学のことでした。新学期は九月が多いのです。イギリスの卒業式などは揃って七月でした。向こうの学制を取り入れていたのか！　軍隊でも学校でも何でも真似たんですね。ほろ苦い気持ちがしました。

このあと『蛍』は『蛍の光』と改題し、小学校の卒業式に歌われていきました。そして四番の歌詞は日本の領土拡張のつど文部省の手が入って改変されます。その箇所は四番の一行目のフレーズです。

〈ちしまのおくも　おきなわも〉

がこう改変されます。

〈千島のおくも　台湾も〉

これは日清戦争の勝利で、下関条約により清国から台湾を分捕ったことによります。それから明治三十八年（一九〇五）には、日露戦争で苦心惨憺《さんたん》の末にかろうじて勝利を得ると、ポーツマス条約で樺太を手に入れることができました。そこで今度は次のように書き換えます。

〈台湾のはても　樺太も〉

こうして明治政府の悲願は着々と達せられていきましたが、やがて昭和に入ると時局に翳《かげ》りが出始めます。この本のむすびは社会学者の伊藤公雄が〝なつかしさが胎《はら》むあやうさ〟ということで、まずは国歌らしからぬ『君が代』を取り上げました。

かつてサッカー選手の中田英寿《ひでとし》が「試合の前に闘志がかき立てられるタイプの楽曲ではない」と言ったといいます。国家は闘争の歌である必要はないと私は思いますけど、伊藤公雄があげるフランス国歌の『ラ・マルセイエーズ』は〈武器を取れ、市民たちよ。隊列を組め、進もう、進もう。汚れた血がわれらの畑の畝《うね》を満たすまで〉と進軍ラッパが聞こえるようです。イタリアの国歌も〈イタリアは今目覚めた。シピオの兜《かぶと》を頭にいただき、勝利はいずこにあらん〉と負けていません。アメリカ国家は〈砲弾が赤く光りを放ち、宙で炸裂する中、我らが旗は夜通し翻っていた。ああ、星条旗はまだたなびいているか?〉とこれも一〇〇パーセントの戦歌です。

国家って戦争をするのが常態みたいじゃないですか。そんな中で日本の『君が代』は異色で、中田選手ではないけれど萎《な》えてしまいそうです。この歌はもともと海軍の国際儀礼用に作曲されたもので、宮内省雅楽局が手を入れているとか。国歌というわけではなかったんですね。それが日中戦争が始まった昭和十二年の国定教科書から『君が代』に「国歌」という文字が冠せられたというのです。戦意ゼロの不思議な国歌の理由はこうだったのですね。

そしてその地味な『君が代』を支えて「準国歌」といわれていたのが『海ゆかば』でした。詞は『万葉集』の大伴家持《おおとものやかもち》の歌より、作曲は東京音楽学校教授の信時潔《のぶときききよし》です。ところがメロディは海軍らしく荘厳でも、やっぱりこちらもあんまり元気が出ません。

〈海ゆかば、水漬《みづ》くかばね。山ゆかば、草むすかばね。大君の辺にこそ死なめ。かへりみはせじ。〉

フランスの「武器を取れ」でもイタリアの「勝利はいずこにあらん」でもアメリカの「ああ、星条旗はまだたなびいているか」でもない。死のう、ただ死のう、天皇のみもとで死のう、というばかり。自らの犠牲死を誓うのですね。軍歌の中には『敵は幾万（ありとても）』のような勇ましい歌もあるけれど、『戦友』の「ここはお国を何百里」も『同期の桜』もとにかく日本の軍歌は「哀調」と「死」に彩られている。

そして何より「敵」のイメージが不在であると伊藤公雄は述べています。それに「何のため戦うのか」という目的意識の欠如。ただもう「東洋平和のため」とか「天皇のため」とか抽象的なことばかり言って、戦争の目的が見えてこないというわけです。むしろ「ただもう死ぬ」ことが唯一の目的のようにさえ見える。日本の戦争の「敵」は外部でなく、「内部」に向けられていたのではないかといいます。自分の弱さに打ち克つ、それは結果として「死」と結びつく。そういう奇妙な危うさが日本の軍歌の「哀調」の底に沈んでいるのではないか。

最後にちょっとまた童謡に戻ります。

『唱歌の社会史』の中で、国民詩人と謳われた北原白秋の唱歌を、詩と評論の河津聖恵《きよえ》がひしひしと身に沿うように論じています。白秋はご存じの方もあるように、『揺籠《ゆりかご》のうた』のまるで聖歌にも似た美しい歌の反面、

〈天に二つの日は照らず／凌《しの》ぐは何ぞ星条旗、／大詔くだる時まさに／此の一戦と衝《つ》き進む／疾風万里《しっぷうばんり》太平洋、／目指すはハワイ真珠湾。〉（『ハワイ大海戦』）

と、こんな戦争翼賛の歌も作っていました。それも「軍歌は詩人が作る」と自負する白秋の矛盾の姿に、河津聖恵は分け入っていきます。この頃、子どもは少国民という奇妙な呼ばれ方をしたものです。そういう時代に父親がわが子を愛することと、戦意高揚の童話や歌を作ることとは、相容《あいい》れないものではなかったかもしれないと推測します。童謡に母性は有り余るほど溢れているが、父性ならもしかしたらこんな形もあるかもしれない。

そこから晩年の白秋の詩人としての情熱が、ナショナリズムへの共鳴へと（私なら下降、墜落と言いたいけれど）つながったのではないかという。たぐいまれな詩情溢れる『揺籠のうた』と戦争翼賛の作品が、一人の白秋から生まれた謎には幾通りもの答えがあるかもしれません。そして河津聖恵の推理の行く手にも、私は唱歌の抱えるなつかしさとあやうさの、背中合わせの因果を感じるのでした。

この時代の童謡には、『揺籠のうた』におとらず傑作が沢山あります。その中で『里の秋』（作詞・斉藤信夫、作曲・海沼実）は山里の夜の灯りが眼に浮かぶような名歌です。ところがこの歌には戦後の私たちが知ることのない、消された歌詞がありました。つまり一つの歌の中にもう一つの時代の影が隠れていたのです。

歌詞の一番は、裏の背戸《せど》に木の実の落ちる音が聞こえる夜、母と子が二人きりで囲炉裏《いろり》で栗の実を煮ています。もうよくご存じですよね。そして二番は、明るい星空に夜鴨の渡る声がして、栗の実を食べながら子どもはここにいない父の笑顔を思い出します。私が知っていた『里の秋』はここまでです。次の三番は、今は歌われない戦前の歌詞です。

三　さよならさよなら　椰子《やし》の島

お舟にゆられて　かえられる
ああ　とうさんよ　ご無事でと
今夜もかあさんと　祈ります

この抒情と哀調も、あの時代のものですね。太平洋戦争で子どもたちの父親は南方の島々に征《い》って大勢が戦死しました。この子の父は帰ってきたのでしょうか。子どもの歌にも「死」の影が潜んでいます。

では次の『めんこい小馬』は戦前の歌詞と、戦後に書き直した歌詞を併せて紹介しましょう。私はこの歌がとても好きです。それは悲しい歌が、楽しい歌に生まれ変わったからです。まず初めに戦前版はこうです。

『めんこい小馬』
作詞・サトウハチロー／作曲・仁木他喜雄

一　ぬれた小馬の　たて髪を

撫でりゃ両手に　朝の露
呼べば答へて　めんこいぞ　オーラ
駈けて行《ゆ》こかよ　丘の道
ハイド　ハイドウ　丘の道

二　藁《わら》の上から　育ててよ
いまぢや毛並も　光つてる
お腹《なか》こわすな　風邪ひくな　オーラ
げんきに高く　ないてみろ
ハイド　ハイドウ　ないてみろ

三　紅《あか》い着物《べべ》より　大好きな
小馬にお話　してやろか
遠い戦地で　お仲間が　オーラ
手柄《てがら》をたてた　お話を
ハイド　ハイドウ　お話を

四　西の空は　夕やけだ
小馬かへろか　おうちには
お前の母《かあ》さん　待つてゐる　オーラ
唄つてやろかよ　山の唄
ハイド　ハイドウ　山の唄

五　明日《あす》は市場か　お別れか
泣いちやいけない　泣かないぞ
軍馬になつて　行《ゆ》く日には　オーラ
みんなで　バンザイ　してやるぞ
ハイド　ハイドウ　してやるぞ

仲良しの馬も戦場に行くのですね。子どもの悲しみが詞の中にひそんでいます。

次は戦後に改変された三、四番です。五番はありません。戦前版の一、二番はそのままです。

また作詞も作曲もサトウハチロー、仁木他喜雄です。

三　西のお空は　夕やけだ
　仔馬かえろう　おうちには
　お前の母さん　待っている　オーラ
　歌ってやろうかよ　山の歌
　ハイド　ハイドウ　山の歌

四　月が出た出た　まんまるだ
　仔馬のお部屋も　明るいぞ
　よい夢ごらんよ　ねんねしな　オーラ
　あしたは朝から　また遊ぼう
　ハイド　ハイドウ　また遊ぼう

戦前の『小馬』には、別れのときが待っているのでした。三、四、五番としだいに歌詞の哀調が強まってきますね。太平洋戦争で日本から大陸へ渡った軍馬は百万頭といいます。戦争時、帰還は人間でも大変でした。その馬たちが故国に帰ることはなかったのです。

その同じ歌を時代が変わってから、作詞のサトウハチローが作り直した。一節ずつ新旧の歌詞を読み比べてみると、作詞者の複雑な思い、子どもと馬への情愛や哀しみのようなものが伝わってきて、私はしだいに胸が熱くなるのです。戦後版のラストの章は、仔馬はもう市場へ売られていくことはありません。

大きな満月の懸かる空の下、仄《ほの》明るい馬小屋で安らかに眠る仔馬に、子どもは呼びかけます。明日もまた遊ぼうよ。おやすみ、よい夢をごらん。

戦後版の『仔馬』の結末をこう書き直したとき、サトウハチローの胸中はどうだったろうと私は思いました。童謡の仔馬一匹の運命を変えただけでも、詩人は机の上でひととき、人知れず幸福を感じたのではないでしょうか。

今回は唱歌から童謡に国家、軍歌まで盛り沢山に入れました。古い本を調べる楽しみも味わいました。そこから思いがけない驚きの世界を覗くこともできました。もっとこの世界を知りたいと思われる方は『唱歌の社会史』、それからインターネットのウェブで、「池田小百合なっとく童謡・唱歌」（https://www.ne.jp/asahi/sayuri/home/doyobook/doyostudy09.htm）をご覧になることをお奨めします。納得、満足がいくこと請け合いです。

オーラ。

『唱歌の社会史――なつかしさとあやうさと』伊藤公雄、河津聖恵、中西光雄、永澄憲史、山室信一、佐久間順平、中西圭三、野田淳子著（二〇一八年、メディアイランド）

『エリザベスの友達』――「エリザベス」をめぐる物語

あたくし、今は日本の老人施設にいるけど、元満州皇帝溥儀の妻・婉容と友達だったの。彼女の愛称はエリザベス。むかし天津にいた頃の付き合いよ。

今夜の本よみ講座は私の書いた小説『エリザベスの友達』を取り上げることになりました。たまに自作もやってみて、という要請に折れて、語らせていただこうと思います。

自分の小説ではネタバレになりやすいのですが、もうこの小説を読んでおられる方は結構おいでで、今さら隠すものはない、私が一つの作品を仕上げる道程というか、構想から執筆までの心の旅路とでもいうようなお話をいたします。

小説を手に取って最初の頁から順々に読んでいく。これは読者にとって一つの旅ですが、タイトルとテーマを掲げて一行ずつ書いていく作者の心境も別の形での旅です。彼方《かなた》のタイトルとテーマへうまく辿り着いてドッキングできるか、迷走して行き倒れてしまうか、地図のない道を行く心地です。

何作書いても、新たに書き始めるときは地図がない。書き始めの頃は眠っているときも考え続けている状態です。

舞台は認知症の老人介護施設です。したがっておもに登場するのは八十、九十代のおばあさんです。おじいさんもたまに出ますが。それと施設に預けている老親を看《み》に通ってくる子どもたち。この人たちも六十、七十代の年齢です。したがって若い人はいない。全員、年寄りというわけです。
それではタイトルの「エリザベス」とはどうつながるのでしょうか。「エリザベス」って誰なんでしょう。老人介護施設と「エリザベス」なんて、意外な組み合わせであります。
小説のテーマはある日、ふいに舞い込んできます。鳥みたいです。短篇に合った小さい鳥も来るし、長篇用の大きな翼を持った鳥も来ます。今回は大きかったです。その鳥を放ったのは歌人の松村由利子さんという方でした。東京から石垣島へ移住しています。彼女から送られた新しい歌集に、次のような一首が載っていました。

もう誰も私を名前で呼ばぬから
　エリザベスだということにする

（『大女伝説』短歌研究社）

はて？　と私は思わず顔を上げました。エリザベスだって？　何でいきなりエリザベスなんだろう、ときょとんとしたものです。もう誰も私を名前で呼ばぬから、というのはどんな状況なのでしょう。いったいどういう人物が、どういうわけで、自分をエリザベスということにするというのでしょう。

ここで「私」というのは、松村由利子さんとおぼしき女性のようです。しかも自分の名前を失いかけているような……。名前はどんな人間にも欠くべからざるものです。その自分の証《あか》しの名前を、周囲から呼ばれなくなろうとしている。そしてまた自分でもそれに甘んじているような人物。といえば、ぼんやりと様子が見えてくる気がします。老女でしょうね。

かくいう私もやがていつか村田喜代子なんていう、この世の符牒《ふちょう》を捨てていくかもしれない。白くなった髪の毛がハラハラと、いつの間にか頭皮から落ちてしまうように。

数日後、私は石垣島の松村さんに電話を掛けました。

「この歌は松村さん自身の想いを入れたものですか」

と尋ねると、向こうで微笑している気配です。

「そのようなものです」

「すると齢《とし》を取って認知症になったご自分を想像して、この歌を作られたんでしょうか」

「そんなような感じですね」

松村さんも断定しません。断定すると歌の深みがなくなりますよね。

「で、歌のぬしがご自分だとすると、……では、どうしてエリザベスということにするんでしょうか」

たとえ自分の名前を忘れても、新しく付ける名前にはもっといろいろ選択肢があるのではないか。なぜ外国人のエリザベスなんでしょう。

「何となくエリザベスでいいような。そんな気持ちになりまして」

どうも松村さんにもわからないようなのです。もしかして時代はもう変わったのかもしれない。日本とかアメリカとかイギリスとか、そんな国籍の境界は現代の女性の意識から消えていきかけてるのかもしれない。日本の女性がエリザベスを名乗る。安奈と書いてアンナと呼ばせる親だっているのである。

そういえばエリザベスは広く世界の女性の名前の代表格です。英語圏ではエリザベスと呼ぶ。ドイツならエリザベート。イタリアならエリザベッタです。スペインではイサベル。ロシアならエリザベータとなります。世界中にエリザベスは溢れている。世界中の女性の普遍的代名詞のような……。

面白いな、と思いました。境界を取っ払うのって楽しいかも。エリザベスの愛称で広く知られているのは「リズ」でしたね。ほら、女優のエリザベス・テーラーです。それから「ベス」もある。「ベティ」も「イライザ」もです。みんな元はエリザベス。エリザベスが世界につながっている。日本にもいていいのです。

松村由利子さんの歌のユニークさは、認知症のおばあさんを「エリザベスということ」にしたことです。この歌の不思議な幸福感を何といえばいいでしょうか。

毎日配達されてくる新聞からは、世界のあちこちで燻《くすぶ》る戦争の狼煙《のろし》が垣間見えます。世の男性たちは有史以前からバカな闘争に明け暮れている。ハリーもジョンもドナルドも太郎も懲《こ》りずに殴り合いをやってます。

「何だかストーリィが膨らんできますね。このエリザベスをヒロインに小説を書いてみたくなりました」

するとさらりとした返事がありました。

「ええどうぞ。私はもう歌を作ったので、あとは何なりと」

こうして私は「エリザベス」を貰い受けました。

それから「エリザベス」の連想ゲームが始まります。


小説のストーリィを考えるとき、私の場合は起承転結という構成などは考えにはなくて、理詰めでなく、自然に雲や風に連れ去られていくような筋が理想です。

まずとっかかりに、エリザベスという名前から思い浮かぶ現実の女性を連想してみることにしました。認知症の老女とどこかで結びつくような、過去のエリザベスはいないでしょうか。

思い付いたのは十六世紀イングランドとアイルランドの女王エリザベス一世です。

第二回の本よみ講座で『やんごとなき読者』を読みましたね。あれは現代のエリザベス二世でした。こちらは昔々の剣を持ち鎧《よろい》を付けた勇姿で有名なエリザベス一世です。強い女性の象徴的人物。

ではもう一人、エリザベスがいないでしょうか。すると強いエリザベスの後に浮かんだのは、儚《はかな》く弱いエリザベスの面影でした。こちらは近現代史に出てきます。時代的には施設に入っている老人たちとやや近い満州国最後の皇帝溥儀《ふぎ》の正妃・婉容《えんよう》は、エリザベスというニックネームをもっていたのです。

彼女は夫の溥儀に従い、日本陸軍が中国東北部につくった傀儡《かいらい》国家・満州国の皇后になりますが、日本の敗戦と共に逃亡の身となります。途中で溥儀とも離ればなれになり、三十九歳で路頭に命を落としました。紫禁城に蔓延していたアヘン中毒による衰弱死とか。弱いエリザベスであります。

ニックネームの由来は、天津《てんしん》の裕福な家庭に生まれて、ミッション・スクール時代のものだとか、結婚後に家庭教師イサベル・イングラムから付けられた愛称だとか諸説あります。夫婦は北京のクーデターにより、結婚後わずか二年で紫禁城を脱出し天津の日本租界に庇護されます。その当時は溥儀もヘンリーと呼ばれていたそうで、若い二人の束の間の穏やかな日々だったようです。ヘンリーとエリザベスなんて、当時のヨーロッパへの憧れを感じますね。

この辺りで図版を見てみましょう。

はい、これが溥儀と婉容です。溥儀は二歳で清王朝最後の皇帝となり、二人が結婚したときは溥儀十六歳、婉容は一つ上の十七歳でした。子ども同士というか、幼い夫婦は紫禁城の豪奢《ごうしゃ》な闇の中でどんな結婚生活を送ったのでしょう。しかし不幸の影はもう二人の背後に佇《たたず》んでいたのです。

美しい婉容を見てください。

眼が吊り目で独特の黒い眸《ひとみ》です。見るからに精気のなさそうな溥儀と較べて、婉容のまなざしの強さはどうでしょう。イギリス風の開明的なスクールに通った少女の眼に、結婚後の閉塞した紫禁城の中はどう映ったか。記録によると溥儀との間に夫婦生活はなかったと言われています。ついでにいうと溥儀という人の顔はどこか凶相のような感じもします。普通でない面相であるような。婉容も美貌であるけれどやっぱり異様な顔立ちというか、らんらんとした鳥の眼のようです。

ところで婉容が結婚して紫禁城に入ったとき、すでに清王朝は辛亥《しんがい》革命で倒れていて、「大清国」となっていました。「皇帝」の称号はなくて溥儀は現実には「廃帝」と呼ばれていたのです。ミもフタもない名前ですね。婉容はその廃帝の妃です。

紫禁城を追われ、天津租界に逃れた溥儀たちの身元引き受けの庇護者は当時の日本陸軍でしたから、二人は日本租界の静園という居宅に身を落ち着けました。

「租界」って今では聞き慣れない言葉ですよね。その租界について少し説明します。弱った巨龍ともいうべき清国は寄ってたかって欧米列強に攻められて、アヘン戦争後にはイギリス、フランス、ドイツ、イタリア、オーストリア、ベルギー、日本などと不平等条約を結ばされ、国内の重要な港湾都市を外国人の居留地として取られました。租界は中国の中の外国です。

租界は天津のほかに上海、漢口、広州、鎮江《ちんこう》、九江《きゅうこう》、厦門《アモイ》などがありましたが、華やかさでは天津でしょう。

紫禁城を出て天津租界で暮らした七年間が、たぶん婉容の短い生涯で最も穏やかな時代だったのではないか。彼女は乗用車を運転し、シェパード犬を飼い、ゴルフを楽しみました。

では、上の天津の図版を見てください。

これはイギリス租界の通りです。自国の街を建物ごとそっくり持ち込んだような威容です。列強の仲間入りをして日本もこの地に租界を持っていましたが、日本は寺や神社を建てたりして、ヨーロッパと違いハイカラではありません。

けれど各国の租界の中は自由に行き来できるので、日本租界に住んでいる商社マンなどは、フランス租界で『風と共に去りぬ』の映画を観て、イギリス租界で競馬やゴルフに興じることができました。戦時中でありながら最新の風俗が展開されていたのです。

かつての面影を残すイギリス租界の通り

さて、そろそろ主人公となるおばあさんの輪郭を作っていきます。彼女の名前は天野初音《はつね》です。初音さんね。認知症で老人施設に入った初音さんを、婉容と天津租界で結び付けることにします。

初音さんは二十歳で商社マンの夫と結婚し、日本からはるばる天津租界にやってきた。婉容が生涯でたった七年間の楽しい夢を見たこの街で、若い日本人妻も故国では考えられない自由で、贅沢な暮らしを味わいます。でもこのストーリィに問題が起きました。年数を計算すると、婉容と初音さんの二人が天津で暮らした期間がズレるのです。

溥儀と婉容が天津租界に来たのは一九二四年のこと。満州国ができて天津を去ったのは一九三二年のことです。

一方の初音さんが二十歳で結婚して天津に住むのは、一九三九年くらいです。七年間ズレることになりました。というのも小説の連載の始まりが二〇一七年だったため、そこを現在とすれば、介護施設に暮らす初音さんの年齢は九十七歳くらいがギリギリです。それ以上高齢にすると不自然です。

むろん婉容が満州へ去った一九三二年は動かせません。ならばイメージを動かすことにしました。小説は時空を超える。初音さんは認知症です。それでなくても老人は本来、現実をねじ曲げる人なのです。

私の祖母は十三人きょうだいでしたが、昔話をするときはいつも五、六人くらいは、いたりいなかったり、すっ飛ばしてました。死んだ弟が生き返り、生きていた妹を死なせます。八十九歳で亡くなった祖母は最期まで頭はハッキリしていたけれど、それでも事実誤認は日常茶飯事でした。婉容と初音さんの場合も天津租界で暮らした事実だけあれば、あとは初音さんの認知症パワーで逢わせることができる。有ることが、無くて、無いことが、有る。そういうことと決めました。

話が脱線しますが、私の祖母の思い出に、夕方の怪がありました。ある暮れ方、祖母をうちへ食事に招《よ》んだとき、買物に近所の店まで二人で散歩がてら歩きました。ゆるい坂道の向こうに八幡製鐵所の高い煙突の影が何十本も立っていました。祖母が遅れているので振り返ると、道の途中に立ち止まってお辞儀をしているのです。辺りには誰もいません。

「これはこれは久しぶりに会《お》うたですなァ。あれからどげんさっしゃったか。みなみなさんはお変わりござっせんかね。へえっ、お父っつぁんが死になさったか！」

夕景の中で姿のない人にしゃべっている。相手は昔の知人らしいのです。懐かしそうな様子でした。私が声を掛けると祖母は我に返って、しげしげと辺りを見まわしたものです。認知症でなくても混沌はあるのです。

もっと認知症について知ろうと、『驚きの介護民俗学』（医学書院）という六車《むぐるま》由美さんの本を読みました。そして知られざる認知症の世界に感じ入りました。たとえば静岡のある地方の老人施設では「アリラン」の唄を認知症のお年寄りたちがよく歌うんだそうです。不思議に思って調べると、昔その一帯は紡績工場が多く在日朝鮮の人々が働いていたという。土地の人たちは自然に聞き覚えていたんですね。

詩人の中野重治が、尊敬する民俗学者の柳田國男の家を訪ねた話もあります。偶然近くへ来たので久しぶりに挨拶に伺うと、柳田國男は年老いていました。挨拶して話が始まると、「ところであなたのお生まれはどちら？」と柳田が聞いた。中野が答えてまた話が続くうち、「ところでお生まれはどちら？」とまた聞く。その繰り返しが続いて、中野はついにいたたまれなくなるのでした。

この偉大な学者の脳が壊れたのだ……。

彼は腰が抜けたようになって帰ったそうです。民俗学者の柳田は恐るべき記憶力で全国の地名を頭に入れていて、そのために人に会うごとに相手の生まれ在所を尋ねていたそうです。彼は老いて耄《ほう》けて、昔の仕事の場へ戻っていたのですね。


さて、初音さんの還るところは戦時中の天津租界です。

一階の一一〇号室で日中の大半をうつらうつらと眠っていて、たまに車椅子に乗せられてリビングルームに行くけれど口もきかず、深い霧の中にいます。

痴呆が進むと他人との交流が途絶える。広いリビングには年寄りがあっちにも、こっちにもいるけれど、みんな独りです。ほら、蓑虫《みのむし》が木の枝にあっちにもこっちにも、ぶらさがってるでしょう。ポツリ、ポツリと……。あんなふう。

　初音さんには娘が二人いて、次女の千里《せんり》は喫茶店を経営しながら店員に頼んでは昼から通ってきます。姉の満州美《ますみ》も脳梗塞の後遺症で松葉杖をついて手伝いに来る。初音さんは夕方になるとリビングにいても急に思い出したように「そろそろお暇《いとま》いたします」と言い出すのです。どこへ帰るつもりですか。すると帰る所のない年寄りたちが一斉にその声につられて、「帰る」「帰る」と言い始める。千里は心得たもので、初音さんを車椅子に乗せて施設内をぐるりとまわり、一周して戻ってくると部屋につれ帰ります。すると忘れているのですね。

　夕暮れが年寄りを呼ぶのです。おいで、おいで、と手招きする。どこへつれて行かれるのか。年寄りは過去へ後戻りするしかない。過去の家へ、過去の場所へです。

　隣の一一一号室にいる牛枝《うしえ》さんは、認知症が進んで寝たきりです。牛枝さんはどこへも行かない代わりに、「昔」の方がやってきてくれる。娘の頃に家で飼っていた三頭の馬がベッドのそばへ逢いに来ます。彼らは軍馬となって大陸の戦場で死にました。その馬が来ます。

　牛枝さんの名前は、馬と違って戦場へやられたりしない幸せな牛にちなんで付けられた。でも牛枝なんて可愛くないですね。とにかく昔の農家で馬は一家の働き者でした。わが子も同然でした。でも人間の息子も馬も戦争に駆り出されました。

　ではそんな昔の農家の馬を見てください。

写真①をお願いします。ほら、馬も笑ってるでしょう。娘さんと馬が同じ笑顔になってますね。農家の馬はその家の主婦や娘が育てました。良い馬かどうかはその家の主婦と娘を見ればわかるそうです。馬と娘はそんな間柄でした。写真には、こんな短歌が一首書いてありました。

蒲公英《たんぽぽ》の花輪を首に牧《まき》（牧場）を出《い》でし
軍馬還《かえ》らず北の春風

木下初恵

写真①

当時、日本各地から集められた馬が大陸へ行ったんです。軍馬として育てられた馬だけでなく、荷役の馬なんかも大量に農村から供出させられた。人間の召集令状は赤紙と言いますが、馬の召集令状は青い紙だったそうです。次頁の写真②を見て下さい。

ああ。これは瀕死《ひんし》の馬ですね。軍馬も人間の兵隊と同じで最後はこうなる。半袖の兵隊が水筒の水を飲ませています。暑い土地で貴重な水でしょうが、末期《まつご》に与えています。今までよく

写真②

ついて来てくれた。血みどろになって脚が折れてもよろよろとついて来るそうです。ついに泥濘《ぬかるみ》に倒れたところをひと思いにピストルで撃とうとするが撃てない。大事な食料の枝豆の束を動けない馬のそばに置いてやって立ち去った、と記してあります。

口のきけない動物たちの不幸はひとしおです。私は戦場の動物たちの資料を沢山持っています。いつかもっと書こうと思っているからです。

九州の門司港には、船着き場の前に小さい記念碑があります。水道は取り外されていますが、船に乗る軍馬の、日本で最後の水飲み場でした。岸壁からクレーンで引き上げられて大きな船に乗り、百万頭の馬が大陸へ渡りました。帰ってきた馬は一頭もありません。

写真③

戦場へとられた動物は、軍馬も軍犬も軍鳩《きゅう》、これは戦地で飛ばされる伝書鳩ですが、みんな現地解散ということだそうです。

満州国の日本人も現地解散同然でしたね。関東軍はさっさと先に艦で帰ったけど、残された何百万の民間人は自力で帰ってきたのです。むろん途中で亡くなった人も大勢いた。正確な数はわからない。

馬の他に伝書鳩も活躍しました。米軍は日本の伝書鳩を攪乱《かくらん》しようと大きな鷲を放ったそうです。鷲は翼を開くと大きいのは人間の身長を超える。その追撃をかいくぐって手紙を届けます。片方の翼が食いちぎられても必ず持っていく。伝書鳩が着かなかったことはないそうです。

写真③は米軍の伝書鳩です。山頂まで運ん

で行くのは軍犬の仕事。体の両側に装着した筒の中に鳩の顔が見えるでしょう。犬も地雷を踏んだり弾に当たったり危険と隣合わせです。アメリカの軍犬は日本より装備がいいようですね。

九十七歳の初音さんはまだいくらか歩けます。そのぶん危なくて娘の千里は眼が離せない。奥の廊下のドアを開けて外へ出ようとするので、貼り紙が出されます。「工事中　立入禁止」。叱って止めるより、この方が効果がある。認知症は文字が読めて一応の判断力がある、おとなの年寄りの病気だからです。

初音さんが出たいドアの向こうには、めくるめくイギリスやフランス、イタリア租界の石造りの壮麗な街並みが広がっているのです。白い小花をびっしりつけた西洋菩提樹の並木道。美しい馬車が行きます。美しいドレスを着た婦人たちが映画館に入って行きます。闇の中のスクリーンに総天然色の映画が写し出され、コンサートの音楽が湧き上がる。

初音さんは二十歳の若妻に還ります。天津租界には回転ドアのデパートがありました。商社マンと妻たちが集まる夜会用に、彼女はブラジャーやストッキング、ハイヒールを買いに行くのです。

でもそれより初音さんは故国日本に絶対にないものを知るのです。繻子《しゅす》の長いドレスよりも、鳥の羽根の付いた帽子よりも、真珠のネックレスよりも、それは素晴らしいものでした。夫と肩を並べて歩く。夫より先に部屋に案内される。夫より先に車に乗る。夫に椅子を引いてもらう。日本では彼女は夫の後ろの影法師で、ここでは夫が彼女の影法師でした。

商社マンの妻たちの集まりでは、一人一人がニックネームを持っていました。一番年上の姉のような鞠子《まりこ》さんはエヴァ。それからヴィヴィアン。アンジェラ。キャシィー。初音さんはサラでした。世界大戦の真っ最中に敵国の女性名で呼び合うなんて。信じられます？

ある日、初音さんはエヴァこと鞠子さんから、近くにエリザベスというあだ名で呼ばれる女性が住んでいたという話を聞きます。その女性は今はもういない。七年前に満州国の皇后になって日本租界を去って行った、最後の皇帝溥儀の妻、婉蓉でした。鞠子さんは一度だけ、彼女の運転するオープンカーの前を、先導してあげたことがある、と言うのでした。

この鞠子さんは夫が病気になってやがて日本へ帰って行きます。けれど彼女は初音さんに一つの置き土産を渡していったのです。それは鞠子さんが初音さんに語って聞かせた婉蓉ことエリザベスの幻です。年をとって今は介護ホームに入所している初音さんは、廊下の奥のドアを開けます。するとそのドアの外には戦時中の天津の街が広がっていて、彼女を迎え入れてくれるのでした。時間のドアを開けて彼女は行き来するのです。

介護施設に慰問に来るコーラスグループは、昔の歌を用意してきます。あるとき、地元の女性コーラスが『満州娘』を歌いました。

私十六、満州娘、春よ三月雪解けに迎春花《インチュンホワ》が咲いたなら　お嫁に行きます隣村

すると歌を聞いていた一人の老人が突然、痙攣《けいれん》を起こすようにひっくり返ったのです。この場面は私の知人の目撃談によります。「わ、わ、悪かった、許してくれ！」と胸をかきむしり、ひきつけを起こして、常駐の看護師さんの手当でやっと発作が収まったのです。老人は満州でいったいどんなことをしたのだろうと思うのです。今は遠い歳月の彼方のことなのに。認知症は年寄りを帰りたい過去へ連れて行ってくれますが、恐ろしいことに、思い出したくない過去へも引きずって行くのですね。

戦後七十余年も経つのに、まだ戦場の記憶の中に棲むお年寄りの実話もあります。新聞社の随筆賞の選考を頼まれたときのこと。最優秀に残った作品は、夜毎《よごと》に家の廊下をうろうろする認知症のお父さんの話でした。見かねた娘さんが声をかけました。

「どこのどなたか存じませんが、今日は日が暮れたので、どうぞうちでお泊まりになりませんか」

するとお父さんが足を止めて、

「見ず知らずのお宅に、ご親切ありがとうございます」

と頭を下げたそうです。布団を敷くと、恐縮そうにお父さんが入ってきて寝間着に着替え、服をたたんで枕元に置くと床に就きました。そして明くる朝、また早くから起き出して服を着て、廊下をさまよい出すのです。九十歳を越えたお年寄りがどこへ行こうとしているのか。所属部隊に帰る道を探しているのではないか、と娘さんは言っていました。

というのは続きがあるからです。ある雪の夜のことです。このお父さんが庭に出て池のそばで転び、起き上がれなくなったのです。母親と二人で助け起こそうとしても動きません。しだいに体は冷えていきます。

そのとき彼女はあることを思い付きました。お父さんのそばに仁王立ちして男の声音《こわね》で怒鳴ったのです。

「出口上等兵、立て！」

すると不思議というか、お父さんがその声に応じるように力をこめてよろよろと立ち上がり始めたのです。

「そうだ、出口上等兵、えらいぞ」

とお母さんも嗄《しゃが》れ声をかけました。

「横の岩へ手を掛けて、踏ん張って立ち上がれ」

するとぶるぶるぶるぶるぶる、九十何歳の老人が立ち上がりました。彼女はすぐ車椅子を取りに行って、父親を乗せると暖かい家の中へ走り込んだのです。このお父さんは二〇一九年、九十八歳で亡くなりました。この話も小説の中に収めました。

『エリザベスの友達』は、女性の名前にまつわる謎解きですが、もう一つのテーマは認知症の老人の記憶の底を探ることでもありました。それらが縒《よ》り合わさって、「みんな友達」というラストの大団円へ流れ込みたいと思ったのです。

そんな中に牛枝さんと馬たちの最後の場面が入り込んできます。すっかり衰弱した牛枝さんの旅立つときが訪れました。牛枝さんが薄眼を開けると、三頭の馬が枕辺に顔を並べています。年嵩《としかさ》の栗毛の馬が言いました。

「姉っさ。今日はおめえさを迎えにめえりやした」

牛枝さんは三頭の馬の大きな眸《め》を代わる代わる見た。

馬の眸というものは何と大きくて、優しくて、従順で、つぶらで、愛らしいものだろう。こんな大きな体をして、こんな子どものような魂をいつまでも持ち続けている。

こんな子らを海を越えた遠い戦地に行って死なせ、あるいは生きたまま見殺しの置き去りにして、人間たちは帰って来たのだ。

牛枝さんは寝たまま手を差し伸べる。温かい生きものの体熱が掌に沁みてくる。

許せ。許せ。人間ば許してくれろよ。

牛枝さんの眼に涙がこみあげます。そのとき彼女は馬たちの足元に、何か小さいものたちがいることに気が付きます。それは一匹の犬と一羽の鳩でした。


〈「おめえらも、おれ方の姉っさに挨拶ばせろ」

するとと犬が座り直して挨拶をした。

「初めてお目にかかりやす。自分は軍犬の秋吉号と申しやす。軍馬の兄さん方には向こうでお世話になりました」

次は鳩が顔を上げて、

「あたいは軍鳩のアサヒ丸と申します。なりはこのように小《ち》いそうございますが、戦地では通信兵として働きました」

賢い眼をしている、と牛枝さんは微笑んだ。

「みんなご苦労じゃったのう。ありがとう。ありがとう」

牛枝さんははらはらと水のような涙を流した。

ハヤトが一歩前に来て、

「姉っさ。ここへ来る前に今日様《こんにちさま》に尋《たん》ねて来もした。すると今日様ももう迎えに行っても充分に良かろと仰せやんした。姉っさの寿命も終《し》めえのときがめえりやした。おれの背こに乗っておくんなせ」

「おう、おう。そんならちょっと待ってくれろ」

牛枝さんは窓の外の日光に合掌して、よろよろと起き上がる。今朝まで眼も開かず体も起こせなかった牛枝さんがベッドの上に起き上がった。枕元の紙箱から櫛《くし》を出して薄い頭の毛を揃え、死出の旅の身繕いをする。

それを見ていた犬が言った。

「そんなら自分もここでお別ればして、飼い主の待つ筑後に帰りやす。そこが骨を埋める所であります。みなさん、さようなら」

鳩も頭を下げた。

「あたいは故郷の広島に帰ります。あたいの親兄弟や飼い主も帰りを待っておるでしょう。それでは短いご縁でしたが、みなさん、さようなら」

「おうおう。気を付けて帰っておくれ」

飼い主が彼らを見たら何と喜ぶことかと牛枝さんは思った。犬と鳩はスッと立って敬礼をした。それからふわりと跳び上がったと見る間に姿をかき消した。

「姉っさ。ではいよいよ出立でやんす」

「おう。有り難や。この日ば今まで待っていた」

牛枝さんはベッドの上に起き上がると、栗毛の手綱を摑んでヨイショッと馬の背に乗った。〉

牛枝さんの娘が部屋に帰ってきたとき、傾いた冬の太陽の長い光の帯がベッドを照らしていました。牛枝さんは仰向きに、さっき娘が寝かせたままの姿で眼を閉じて、苦もなく静かにこと切れていました。

ここでちょっと本題から外れますが、認知症の不思議な話をしましょう。ガンなど患っている認知症の老人は、なぜかガン特有の痛みがないか、あるとしても軽いんだそうです。これは認知症の関係の本で読みました。認知ができないから痛みを感じられないのか、認知症の患者にはそもそも痛みが生じないのか。それが本当なら私は恵みの一つと思いたいです。


さて年の終わりがやってきました。

この小説の幕が下りるときであります。

大晦日の介護施設はボランティアによる催しがいろいろあり、入所老人の家族たちもやってきます。広いリビングは午後から人と車椅子で一杯になりました。

支度が調《ととの》うまで人々はリビングの中央にある大型テレビを観ている。画面では別府温泉の餅搗《つ》き大会の場景が流れています。車椅子の初音さんの両側には娘の千里と満州美が腰掛けている。

「あれ……、あれ……」

と今日の初音さんは珍しく画面を指差して言います。

「ベップ。オオイタ、チノイケジゴク！」

初音さんの素《す》っ頓狂《とんきょう》な声に周囲の家族が笑いました。

「チノイケ！　ムカシ、チノイケ、チノイケ！」

姉の満州美がその声を避けるように下を向きました。彼女は初音さんの背中に負ぶわれて、七十余年前、引き揚げ船で帰ってきた子です。

午後二時半から近くの雲海寺の元住職が講話を始めます。といっても今年九十七歳の和尚さんは去年の大晦日の話も、途中で三十分くらい眠ってしまったのです。でもたいしたことじゃありません。和尚さんも年寄りたちも寝ていたのです。和尚は目覚めるとまた元のように話を再開しました。

さてここで和尚にどんな話をさせましょうか。作者が思案するところです。もっともらしい有り難い仏教の話は置いて、いつ和尚が寝ても起きてもいいような話をさせたいです。そこで俳人の正岡子規の随筆から、法話の題材を取りました。俳句の人の話は切れ味が良くて的確で、わかりやすい。五、七、五！　で解けるのです。短歌はあと七、七、があるから面倒です。

和尚が出てきました。

「年の終わりに、死ぬ話ば、いたしましょう」

どうせおじいさんおばあさんは本当は聞いていません。ただ家族はじっと聞いている。明日は正月だのに死ぬ話なんて。そこで笑い声が起きた。

「死ぬ、ということを申しますと、眉をひそめる人もおらるるが、真実は、えー、決してそうではありまっせん。人間は生まれた所へ、もう一遍、帰っていかにゃなりまっせん」

と和尚さんが言うと年寄りの席から、か細い声が、

「カエリターイ」

「そうです。帰らにゃなりまっせん」

「カエリターイ、ツレテカエッテェー」

ドッと笑い声が起こります。

正岡子規は若くして脊椎《せきつい》カリエスで苦しんで苦しんで、三十四歳で死んだ人である。でも苦しんだぶん、底がスポンと抜けて、病苦の暗さが払われている。

「わしはもう、仏法の話は沢山してきました。それで今日は俳人の、正岡子規という人が言う

た話ばします。ご存知かな。柿くへば、鐘が鳴るなり、法隆寺、という俳句ば作った人です。えー、柿を食うたのが自発で、そのとき鐘が鳴ったのが、縁でありますかな。天地自明のまことに立派な句であります」

和尚の話が乗ってくると、また年寄り席から、

「柿ワ食ワーン。柿ワイラーン。連レテ帰ッテェー」

とか細い声が流れた。和尚は気にしない。

「あー、よしよし。後で話がすんだら帰らせてあげるから、ちょっと待ちなさい」

それから元素の話が出てきて、少し難しくなる。

（子規って東大の哲学科でしょ）

「さて子規さんは、人間のことを、宇宙の調和の中より生まれ出た、若干の元素の塊なりとこう言うのです。みんな元は同じ酸素や炭素という、宇宙の極小成分から出来たものが、時の情況によって、お百姓の権兵衛にもなれば、天下人の太閤様ともなり、大将にもなる」

老女は諦めたらしく静かになった。

千里が目を瞑《つむ》って聞いていると、冬の枯れ野の倒木に一羽の痩せた鴉《からす》の姿が映りました。老いた鴉の掠《かす》れ声が野末《のずえ》に、滞《とどこお》り、つっかえながら流れているのです。

〈「天道も……、これは天の太陽です。……これを見かねてついに死神なるものを降し、ことごとく人間を殺したもう」

「マダ帰ランカノウ?」

小さな声がする。

「死とは人間がその調和を失いて……、再び元の若干の……元素に帰ることなり。……肉団崩れて往生せし……上からは……」

講師の声が低くなり、途切れ始める。瞼《まぶた》が下がり、うとうとしかけて、ハッと眼を開ける。

「寝ちゃいそうね」

千里が囁《ささや》くと、満州美が笑いながら首を横に振る。

「いいえ休憩なのよ。長い一生だから、途中でときどき仮死状態になっちゃうのよ……」

老講師はまたぽっかりと眼を開けた。

続きをやる。

「肉団崩れて、往生せし上からは……酸素に貧富もなく、炭素に貴賤もなし。これを平等無差別という……」

〈子規はいいこと言うんですよ〉

また講師はうつむいた。

「帰リターイ」

蚊の鳴くような声がする。

「えー、仏法を学ばざる人も、一芸を貫くと、まして子規のように、長く脊椎カリエスのような大病を患うて、耐えがたい痛みの床に臥しておると、このように悟るので……ありましょう。かくして子規は……、大海のごとき生命の故郷、宇宙へと……帰っていったのであります……」〈これを仏法で成仏というんですね〉

そのあたりで和尚の首ががっくりと前へ落ちて、しばらくすると、クゥーと鳩が首を絞められたような、妙な寝息がマイクを通してリビングに流れました。初音さんもとっくに寝入っています。千里はそれを眺めて考えにふけります。

昔はよく親の恩と言ったけど、今、千里がこうして初音さんに物を食べさせている行為は、親が幼い子どもにしていたことである。そうやって親に食べさせて貰っていた期間は三、四年くらいだろうか。

けれど子が老親の口に食べ物を入れてやる期間は、親が長生きするぶんだけ、どこまでも伸びていく。今や認知症の親を看て十年などという話はざらである。子育ては大変だが言うことを聞かなければ、親は子を撲《ぶ》つこともあった。だが認知症の親を子どもは撲つわけにはいかないのだ。親の恩があるなら、子の恩だってある。

和尚が起きたところで講話は終了となりました。あとはお茶の時間に続いて大晦日一番の演目の、女声コーラスが幕を開けます。聞くところによると、大晦日のこの介護ホームの催しの目玉は、ボランティアのコーラスグループによる昔の歌だそうです。前にも話しました『アリラン』もそうですが、認知症になっても、昔の歌は口をついて出てくるのですね。年の終わりということで、童謡の『グッド・バイ』が歌われます。

　グッド・バイ　グッド・バイ・バイ
　グッド・バイバイ
　とうさんおでかけ　てをあげて

「やめろ！　敵性言語を歌うな」
禿頭の老人が怒鳴りました。

すると恰幅《かっぷく》の良いセーター姿の粋な老人がマイクの所へ出てきます。通称・教授。大晦日の除夜の鐘のような太い声で歌い始めたのは、教授即席のフランス語版『グッド・バイ』です。

お庭に　咲いた　もくせいも
風で散ったら　アディーユ《さようなら》！
赤い　夕やけ　お日さんも
沈んで　いったら　アディーユ！

禿頭の老人も負けていません。

「黙れ、黙れ、米語も仏語も許さんぞ！」

舞台のコーラスグループは下へ降りてしまい、教授がマイクを投げ捨てようとしたときでした。初音さんがふらっと車椅子から立ち上がり、マイクの方にひょろひょろと出てきたのです。その姿は幽霊みたいで場内シーンとなりました。すると教授がおおと腕を広げて、

「これはこれは。美しいエリザベスさん！」

これは以前に初音さんが名前を聞かれたとき、みんなの前で「エリザベス」と呟いたのを覚えていたのでしょう。その教授の声におばあさんたちが、皺首《しわくび》を立て、「エベッさん」「エベッ

さん」と一斉に叫び始めました。エリザベスという響きが年寄りの耳には、七福神の「エビスさん」と聞こえたのです。

みんなの声援を受けながら、初音さんは教授からマイクを貰い受けると、かぼそく震えるような声で歌い出します。中国語版『グッド・バイ』、天津の子どもたちが歌ってました。

お庭に　咲いた
もくせいも
風で　散ったら
サイジェーン《さようなら》

赤い夕やけ
お日さんも
沈んで　いったら
サイジィエーン《再見》

生死を超えて再見！　ですね。

これなら満州帰りの老人たちだって歌えます。みんなで合唱です。
それから忘れてならないのは大晦日恒例の『蛍の光』です。これはふつう二番で終わりますが、その昔の尋常小学校唱歌が染みついている白髪頭には、三番と四番の文句も外すことはできないのです。三番と四番はこうです。

つくし《筑紫》のきはみ《極》　みち《陸》のおく《奥》
うみやまとほく　へだつとも
そのまごころ《赤心》は　へだてなく
ひとつにつくせ　くにのため

ちしま《千島》のおくも　おきなは《沖縄》も
やしま《大八洲日本》のうちの　まもり《防衛域》なり
いたらんくに《派遣地》に　いさを《勲》しく
つとめよわがせ《夫・恋人》　つつがなく

小学唱歌なのに何のことはない、戦《いく》さに励めという文句です。この四番の歌詞は一八七五年の「樺太・千島交換条約」で、北方四島から千島列島までわが国の領土となり、七九年の琉球処分で沖縄も手中にした日本の意気揚々の歌です。

けれど現在ではその北方四島はロシアが押さえ、沖縄も米軍基地が広域を占めています。誰か年寄りたちに言ってやってほしい。あなたたちの住んでいるのはまぼろしの国だと。けれどそのまぼろしもやがて消えていく。ここに集まった年寄りの息子や娘たちはそれを知っている。家族たちも加わって年越しの催しがすむと、少しばかりの運ソバが配られ、それを食べ終えると三々五々と息子や娘たちは帰って行きました。

姉の満州美は、初音さんを残して帰るのが可哀想な気がして、妹の千里に言います。

「今夜はここに泊まって行こうか」

すると千里はさっぱりと答えるのでした。

「大丈夫よ、寂しくなんかないわ。初音さんには友達が沢山いるんだから」

「エリザベス」の友達が次々につながって、最後は何だかおかしな「エベッさん」になってしまったけれど、もうこの年寄りたちは、好きなようにさせておきましょう。自己喪失の、変幻自在。たいした自由人たちです。

みんな　いつかは

また　あえる
そうだと　うれしい
サイジィエン《再見》

老人たちの静安を願いつつ、今回の長すぎた本よみを終わります。みなさん、さよなら、グッド・バイ！　アディーユ！

『エリザベスの友達』村田喜代子著（二〇一八年、新潮社／二〇二一年、新潮文庫）

『長崎の鐘』

――原爆投下と科学へのまなざし

掌の形をした雲が浮いていた。その中指くらいから
ポツリ、銀色に光る小さな機影。高度八千米くら
いかと見ていたら、あっ落とした。

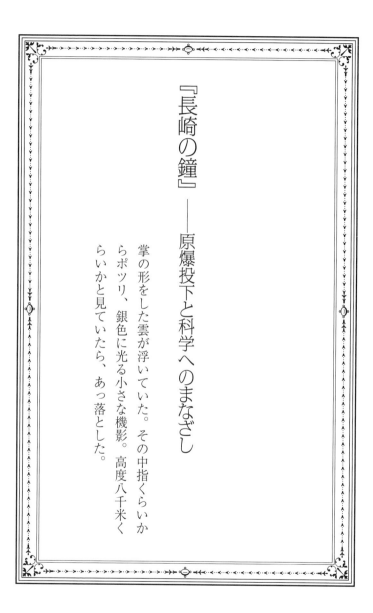

みなさん、こんばんは。今日は永井隆の『長崎の鐘』です。永井は原爆投下地点からわずか七百メートルの至近距離にある、長崎医科大学（現・長崎大学医学部）の物理的療法科、今でいう放射線科の部長でした。

昭和二十年八月六日の広島に続いて、九日午前十一時二分、長崎の空に巨大な閃光《せんこう》が立ちました。それにより永井の大学では学生、教官、看護婦ら八百五十有余の死者が出たということです。永井もそこで重傷を負い、妻は自宅の焼け跡にひとくれの焼けた骨片を残しました。

負傷の体で永井は何度も失神しては起き上がり、市内の負傷者の治療にあたり、やがて六年後に亡くなります。病床で彼が書いた『長崎の鐘』は本人によると、「科学的記録」でもなく、さりとて「文学的報告」でもないといいます。いうなら一つの「人間的手記」であると記されています。

世界で最初に原爆の被害に遭った永井は、皮肉にもその核物理学の研究者でした。放射線は太陽および原子爆弾から放たれるものです。太陽は原子爆弾の巨大な親といえるでしょう。

永井の研究する物理的療法としての放射線は、それを人間の手で電気でもって発生させた、小さくてささやかな放射線の一種です。すると原子爆弾というのは、人間の手で精一杯作り上げた最大規模のものですね。

つまりその道の研究者が未曽有《みぞう》の被害に遭って、つぶさに惨状を記録するのですが、永井自身はそれを「科学的記録」ではないという。でも随筆というには、あまりになまなましすぎる。そこに科学者の眼と一人の人間としての眼が合わさるのですね。私は永井隆の文章のいたるところに、圧倒的な描写力を感じます。眼前の出来事をぐいぐい呑み込むような、ただただ強い視力が捉えた文章です。文学的なんていうのと別物のリアリティです。

ところが今では永井隆の『長崎の鐘』は、藤山一郎の歌の方が先行しているような気がするのです。いいえ、それはもうすでに読んだことがある、知っている本として、消えかかっているように思えます。

『長崎の鐘』について、以前から不思議に思っていたことがあります。それはこの本を実際に読んだという人が私の周囲にはほとんどいないということです。『長崎の鐘』を読んだことがありますかと、折にふれて会う人々に聞くのですが、はかばかしい返事がありません。戦後あれだけのベストセラーになり、原爆ものの皮切りとなった本が、今はあまり読まれていない。これを時の風化というのでしょうか。

大半の人が映画を観たとか、藤山一郎の歌で知っているというような反応でした。

どうして人々は『長崎の鐘』に書かれている内容に注目しないのでしょうか。原爆が風化したということなのでしょうか。驚かないのでしょうか。

前置きが長くなりました。

それでは永井隆、『長崎の鐘』を読み始めます。

まずは原爆投下の昭和二十年八月九日、運命の朝の長崎医科大学から始まります。永井の勤める職場の様子が描かれていきます。戦時の医科大は防空服に身を固めた職員、学生たち、看護婦が救護体制でのぞんでいます。そこへ警戒警報が鳴り渡り、南九州に大規模な空襲があるらしいと知らせが入りました。耳を押さえつけるようなサイレンが唸《うな》ります。息を呑むような緊張の時間が過ぎて、「九州管内敵機なし」というラジオの報に警報解除となりました。それで大学はひとまず講義が始まる。大学病院の受付にも患者の列ができました。いつもと変わらぬ朝の情景ですね。

ここで章が変わると、

〈地本さんは川平岳《かわびらだけ》の頂《いただき》で草を刈っていた。〉

と場面が変わりました。

舞台は山頂の青々とした野原に移りました。地本さんというのは永井の知人らしいです。その人が当日は山の上で草刈りをしていて、天空から下界へひと続きの出来事を見ることになりました。その一部始終を永井に語ってくれたのですね。

この箇所は手に取るような迫力の文章です。じかに文章を眼でたどってほしいので、別紙のプリントを用意しました。その一枚目を開いてください。では読んでみましょう。

〈ここからは浦上が西南三粁《キロ》のやや斜め下に見おろされる。浦上の美しい町と丘の上に真夏の太陽はこともなげに輝いている。地本さんは突然妙な微《かす》かな爆音を耳にききとめた。鎌をもったまま腰をのばして上を仰《あお》いだ。〉

この先がとてもいい。眼に見えるようです。

〈空は大体晴れていたが丁度《ちょうど》頭の上には掌《てのひら》の形をした大きい雲がひとつ浮いている。爆音はその雲の上だ。暫《しばら》くみているとでた。B29だ。てのひら雲の中指にあたるその尖端《せんたん》から、ポツリ銀色に光る小さな機影、高度八千米《メートル》くらいかなあと思ってみていたら、あっ

落した。〉

ここ、読んでるだけで眼がヒリヒリしますね。

〈黒い一つの細長いもの。爆弾、爆弾、地本さんはそのままそこへひれ伏《ふ》した。五秒、十秒、二十秒、一分、時間は息をつめているうちに、だいぶん経過した。

ぴかり、いきなり光った。大した明るさだった。音は何もしない。地本さんはこわごわ首をもたげた。やった。浦上だ。浦上の天主堂《てんしゅどう》の上あたりについ今まで無かった大きな白煙の塊《かたまり》が浮んでいて、それがぐんぐん膨張する。〉

この白煙の塊が後にキノコ雲と呼ばれるようになったんですね。この原稿が書き上がったのは一年後でした。

〈それにもまして地本さんが胆《きも》をつぶしたことには、その白煙の下の浦上の丘を山原《やまはら》をこちらへ向けて猛烈な勢いで寄せてくる一つの浪《なみ》があるのだ。丘の上の家といわず、山原の木といわず、ありとあらゆるものを将棋倒しに押し倒し、粉砕《ふんさい》し、吹き飛ばしつつ、あ、あ、あっという間にはや目の前の小山の上の林を薙《な》ぎ倒し、この川平岳の山腹《さんぷく》を駆け上ってくる。これはなんだ。まるで目にみえぬ大きなローラーが地ならしをしてころがって来るとしか思われない。今度こそは潰《つぶ》されると地本さんは両手を合せ、神様神様と祈りながらまたも地面に顔をおしつけた。ががが――とすさまじい響《ひびき》に耳が鳴ったのと、ひれ伏したままの恰好《かっこう》でふわりと吹き飛ばされたのとが同時だった。五米《メートル》ばかり離れた畑の石垣にいやというほど叩きつけられ、地本さんは目をあけて見回《まわ》した。〉

これは原爆投下後の衝撃波の模様です。永井隆のこの文章は「地語り」とでもいうか、繕《つくろ》わない素《す》の言葉の力がびゅんびゅん走っています。こんななまなましい衝撃波を描いた文章は初めてです。

ちなみに爆心地から五百メートルの城山国民学校は、距離では長崎医科大と同じくらいですが、そのときの熱線は摂氏三千度といいます。太陽の表面温度が約六千度で、その半分に達します。永井たちの医大が浴びた被災の凄まじさもかくやと思えます。

次の目撃者は古江さんという人です。

〈古江さんは道の尾から浦上へ帰る途であった。ちょうど兵器工場の前を自転車で走っているとき、妙な爆音を聞いたような気がした。ひょいと頭をあげたら、松山町の上あたり大体稲佐山《いなさやま》の高さぐらいの青空に一点の赤い火の玉をみた。目を射《い》るほどの光輝《こうき》はなく、ストロンチウムを大きな提灯《ちょうちん》の中で燃やしているような真赤な火の玉だった。それがずーっと地面に近づく。なんだろうと眼鏡に片手をかけて見直す瞬間、すぐ目の前にマグネシウムを爆発させたと思われるばかりの閃光《せんこう》が起り、身体が宙に浮いた。……水田の中に、これもまた吹き飛ばされた自転車の下敷《したじき》となっている自分に古江さんが気づいたのは、何時間か後であり、一方の目はすっかり盲《もう》になっているのを知った。〉

このなまなましい臨場感はどうでしょう。

ストロンチウムの火やマグネシウムの爆発など、私は見たこともありませんが、まるで見たような実感が湧きました。こういう科学っぽい話が出るのも、いかにも永井隆の知人らしいという気がします。私はここを読んだ後、夜の夢で宙に浮かんだ昏《くら》い火の玉を見た覚えがあります。そのくらい印象的なくだりです。

次は小ヶ倉国民学校の田川先生の登場です。

彼は職員室で防空日誌を付けていたとき、ふと窓の外に目をやりました。長崎港の空が青かった。その青空が瞬間さっと輝くのを見たのです。

このくだりも貴重な証言です。

〈その光は鋭く眼を射《い》た。真夏の真昼間の太陽の明るさがその次の瞬間にひどく暗いものに感ぜられたのだったからこの光度《こうど》は太陽のなん倍かであったに違いない。昼間に照明弾とはこれ如何《いかに》とつぶやいて田川先生は腰を浮かしたが突然異様な物を認めた。「あれ、あれ、あれ、何だろう。」田川先生の叫びに職員室じゅうの先生がたは窓へ走り寄った。長崎の浦上あたりの上空に一点の白雲が現われ、それが横の方へも上の方へも物凄い勢でむくむくむくと膨張してゆくではないか。「なんだ、なんだ。」と騒いでいるうちに直径一粁《キロ》以上のふくれた饅頭《まんじゅう》ができた。そのとき、だあーんと爆風が到達し、職員室は震駭《しんがい》し、皆はばらばらと硝子片《がらすへん》を引きかむった。〉

この同時刻、田川先生の家では妻と子どもたちが息絶えていたのでした。

原爆を描いた文章を私もいろいろ読みましたが、これほどわかりやすく、手に取るように素朴に正直に描かれたものはないように思います。原子爆弾が空から落ちてくるのですから、簡単に描けるはずはありません。手に取るようにも、眼に見えるようにも描けない。筆舌に尽くしがたい劇《はげ》しい出来事です。だがそれをただ凄いとばかりに書いても仕方ない。悲惨、地獄、悲痛と言葉を大きく広げても、語ったことにはなりません。

永井隆はつくづく具体的な人だと思います。

理屈屋でない。

具象派で素朴派です。

たぶん私たちの生きている世界では、もうこんな原子爆弾が落ちたときの様子をこのように知ることはできないと思います。……もしこんなことが再び起こったら、それこそ長崎とか広島の範囲じゃない、世界の破滅ですからね。人類がそこまで愚かだとは思いたくない。

それで永井がこうして見た爆心地の様子を、私たちは知らねばならないと思うのです。わかりやすく、具体的に、具象派の絵描きの絵のように。ミロやダリでは困るのです。ピカソだってです。私たちは知りたいわけですから。文芸や詩や抽象画はその後で結構……なんて。

このくだりの場面は加藤君の体験として白眉《はくび》です。

眼の力と文章は拮抗《きっこう》します。よくぞ書いてくれたと感動せずにはおられません。

〈ここから望むと浦上の盆地は、長崎港のさらに向うにうっすら霞《かす》んでみえる。加藤君は牛をつれて草原にでていた。ぴかりを見たのは、緑のなかに草苺《くさいちご》の光るのをみつけて一つ二つ頬ばったところだった。びっくりして牛も首をあげた。浦上の空に白い、濃い濃い綿のような雲が生まれ、ぐいぐいと大きくなる。その色はちょうど提灯《ちょうちん》を綿につつんだようで、外の方は白かったが、中には燃える赤い火を含んでいた。〉

ああ。ここなんか加藤君、よく見ていますね。白い綿の提灯の中に燃える炎の影。そして牛と青年だけが見たこの世ならずの現象です。

〈その白い雲の中にはその他にちかちかちかちかと、美しい放電がひっきりなしに起っていた。その小さな稲妻の色は赤や黄や紫やさまざまの美しさだった。この新しい雲は饅《まん》頭《じゅう》形になり、やがてそのまま上へ上へと昇って、松茸《まつたけ》みたいな形になった。そのころ、今度はその白雲の真下の浦上の谷一面から黒い土煙がむくむくと吸い上げられて昇った。〉

核爆発の後は中心部が真空になって、周囲のあらゆるものを引き込み逆流させるといいます。この現象なんでしょうか？　化学現象って美しいです。それを恐ろしいと思うのは人間や動物たちだけです。

加藤君は八郎岳《はちろうだけ》から八粁《キロ》先の浦上の空を見つめます。

〈上の松茸雲は高く高く青空高く上り、その上で崩れて東に向かって流れはじめた。下の土煙も山より高く昇って、その一部は下へまた散り落ちはじめ、一部は東の方へ流れた。どこもよく晴れて太陽の光は山と海とを照らしていたが、この雲の真下の浦上だけは大きな雲の蔭《かげ》となり、まっ黒にみえた。〉

こうしてみると『長崎の鐘』の印象的な作りがよくわかりますね。永井隆の身近な人たちの証言をもとに、その側から原爆投下の時間を遡《さかのぼ》って描かれています。

私が驚くのは、この作品が八月九日以後、壊滅状態の市内にあって永井自身は重傷の体です。それでも群れなす罹災《りさい》者、被爆者の救護班の先頭に立っている。そしてまた家では幼い二人の子を残して焼死した妻の骨を拾っています。そんな状況を乗り越えて、翌《あく》る二十一年の八月にこの原稿を書き上げました。

イントロの証言者の視点の鮮烈さ、運命の朝の刻に永遠に焼き付けられるかに見える描写は、まだ時を隔てない長崎の光景だったからこそ書けたのではないでしょうか。

では次は投下直後の長崎医科大へ移ります。

永井が大学の瓦解の惨状を後にして、どうして先に地本さんや古江さん、田川先生、加藤君らの体験を並べたのか。その意味がすぐわかりました。

　原爆が落ちたとき、つまり天から巨大な熱球と熱線と衝撃波が降ったときです。永井は崩れ落ちた医科大の瓦礫の下に埋もれていました。真っ暗闇の底で身動きもできなかった彼は、地本さんや古江さん、田川先生、加藤君らのようには、戸外の様子を見ることができなかったのです。学者としてわが眼に焼き付けねばならない世界の光景は、そのとき永井から遠い所にありました。

　永井が生き埋めになるときの光景はこうです。

〈目にみえぬ大きな拳骨《げんこつ》が室中を暴れ回る。寝台も、椅子も、戸棚も、鉄兜《てつかぶと》も、靴も服もなにもかも叩き壊され、投げ飛ばされ、掻《か》き廻《まわ》され、がらがらと音をたてて、床に転がされている私の身体の上に積み重なってくる。（中略）ぞうぞうと潮鳴《しおな》りの如《ごと》く、ごうごうと嵐の如く空気はいちめんに騒ぎ回り、板切れ、着物、トタン屋根、いろんな物が灰色の空中をぐるぐる舞っている。あたりはやがてひいやりと

野分《のわけ》ふく秋の末のように、不思議な索莫《さくばく》さに閉ざされて来た。これは唯《ただ》ごとではないらしい。〉

その頃、別の教室で解剖学の講義を受けていた藤本君も、建物の下敷きになりました。暗闇に何人か生き残った学生の声がして、物の焼ける匂いも流れてきます。梁《はり》や瓦や柱が積み重なり動きが取れない状態で、火の燃え上がる音がぱちぱち高くなるのです。

胸に吸い込む空気も熱くなっていく。そのとき誰かが「海ゆかば」を歌い出した。ここでは死の歌となりますね。歌い終わると声の主が言いました。「諸君、さよなら――僕は足から燃えだした」。火の匂いの中で藤本君も自分の運命を覚悟します。そして、迫り来る死に臨んだ次の場面も忘れ難いです。ここゆっくり読みますね。

〈この狭いがらくたの空間に一切の自由を奪われ無抵抗裡に燃やされ、炭化され、灰になろうとして何をあわてる必要があろう。「縹渺《ひょうびょう》」ここに於《お》て肉体は寸尺の活動の余地を有しないが精神は天地宇宙の間にひょうびょうと流れてゆくのだ。あと一分の不自由だ。肉の焼ける匂《におい》がする。若い肉体の燃焼する快《こころよ》い匂だ。僕の匂もよいだろう。「一大事とは唯《ただ》今《いま》のことなり」まさに然《しか》り。〉

原爆投下で廃墟と化した長崎医科大学

迫り来る死を前にしたとき人は何を考えるのか。後にも先にもないこの時に藤本君の心は瓦礫の隙間から、広大無辺に広がっていきます。昔の二十歳は「縹渺」という言葉を知っていたんですね。

そして今は自分の体が一つの肉塊であることを覚《さと》ります。それが焼ける。一大事とはまさに今この時をいうのです。

そのときでした。彼はかねてより、「問題が解けないときは反対のことを考えてみよ」と言っていた先生の言葉を思い出し、もしやと手探りで床板の継ぎ目に指をかけたのです。外れかけていた！　それで力一杯引きました。爆風で釘が弛《ゆる》んだ床板が一気に外れた！　藤本君は間一髪、床下へ転がり込んだのです。そうして虎口《ここう》を脱することができました。

一方、重傷を負いながら助かった永井隆は、医科大の防空壕に避難します。学長以下、助かって担ぎ込まれる教員たちは、真っ赤な風呂敷包みのように見えました。白衣からズボンや脚絆《きゃはん》まで血に染まっているからです。

圧巻は防空壕の中で交わされる血みどろの学長以下、長老たちの話です。昨日ここで爆裂したものが原子爆弾だったことは、「日本国民に告ぐ！」という敵機のビラでわかりました。原子爆弾が完成したのです。

なるほどそうだ、この威力は原子爆弾でなくてはならぬ。永井は涙が出た。竹槍と、原子爆弾の戦争です。日本は敗れたのでした。

〈「一体全体これを完成したのは誰だろう？　コンプトンだろうか、ローレンスだろうか？」

「アインシュタインも大きな役割を持っているにちがいない。それからボーアやフェルミなど欧洲から米国《アメリカ》へ追われた学者たち。」

「中性子を発見した英国《イギリス》のチャドイックや仏国《フランス》のジョリオ・キュリー夫妻や。」〉

永井たちのやりとりは専門的な会話になりました。たぶんアメリカでは数千人の科学者を各国から呼び集めて、大がかりな開発が進められたに違いない。材料の採掘、精錬、分析、純粋分離、莫大な工業力と何十万という労働者の力が集められたはず。

〈「材料といえば、一体何原子だろう？　やっぱりウラニウムか。」
「さあ、もしかしたら、アルミニウムのような軽い原子じゃなかろうか。」
「でもそんな原子じゃ、解放される力も小さいだろう。」〉

血まみれの教授らによる話は原子爆弾製造に移ります。世界を構成する最小単位の物質が原子であるなら、その原子が爆発したらいったい何が出てくるか。世界の究極のものなら神でしょうか。いいえ、それとも化け物？　いや、いや。化け物はこの防空壕に赤剝《む》けの裸体で横たわっている学長以下、教授連の姿です。血に染まり破れた服を取ると、身に纏《まと》う布きれもありません。

〈この巨大な原子力は、原子の破裂と同時に解放せられ、一挙に万物《ばんぶつ》を圧する。（中略）

放出された大力がまず空気分子を八方へおしやるので偉大な風圧が球面上に八方に進行する。その内側には真空を生じるであろう。そして偉大な風圧の後から偉大な陰圧《いんあつ》が従うであろう。さて地形が浦上のような谷であれば（中略）、地面ではまず主圧が来て物体を押し倒し、おし潰《つぶ》し、粉砕《ふんさい》し、吹き飛ばす。次いで陰圧が来てこれを逆に引き、吸上げ、軽い物は空高く土煙として巻き上がってゆく。其後に複雑な風圧が入り乱れて暫時《ざんじ》荒れ狂うであろう。その結果、何故《なぜ》かような方向に動かされたのか見当のつかぬ状態にしばしば遭遇《そうぐう》するに違いないのである。この爆圧の速度は大体《だいたい》音波の速度と同じくらいと考えられる。〉

問題はその原子核破壊をどうすればいいかです。望む時間に、大量に一時に原子爆裂を起こさせるのは、世界の物理学者の知恵比べの焦点でした。爆発させるだけならサイクロトロンもあるけれど、大きな建物一個ほどのでっかいものを、どんな爆弾の中に詰められるというのか？

〈「ラジウムかなにかを使ってアルファ線のようなものを利用したら？」

「それとも宇宙線の中間子なんか利用できんか。」

「あっ。思い出した。そうだ、フィッションだ。」

「なんだ、なんだ。フィッションとは？」

「フィッションだ。核分割だ。マイトナー女史がみつけた、あの現象だ。」〉

それは、そもそもヒトラーから追われた女性物理学者が発見したものです。ウラニウムの原子核に中性子をぶつけるとぽっかり二つに割れたのです。そして核内に閉じ込められていた巨大な原子の力が解放され、噴出するのでした。そして核が二つに割れるとき、その中の質量の一部がエネルギーに変わって噴出します。


〈「物質がエネルギーに忽然として変るんだね。」

（中略）

「一瓦《グラム》の物質がエネルギーに変ると、一万トンの物を一百万粁《キロ》運ぶだけの力となるね。」

「うへえ！」

「この浦上を潰《つぶ》した原子爆弾にしたところで、そりゃ原子もかなり大量使ったろうし、いろいろな器械で、弾体は魚雷位《くらい》の大きさはあったかもしれぬが、正真正味消費せられた原子の質量は、恐らくは何瓦という小さいものだろう。」

「凄《すご》いな。だが、たくさんの原子核を一時に分割するには中性子をどうして発射する？」〉

それが最難問でありました。原子核に中性子をぶつけると、中から二箇の中性子が飛び出します。この二箇の中性子が近くの核にぶつかってまた二カ所で分裂が起こる。それからまた二箇ずつ中性子が飛び出すので、八箇、十六箇、三十二箇、六十四箇、百二十八、二百五十六、五百十二、……千二十四箇、とアッという間に物凄い数の原子が爆発します。これが連鎖作用で一挙に起きたときに莫大なエネルギーを出すわけです。

それで正確には一瞬で爆発は起きるのでなく、数秒間続くというわけです。その微妙な時間を感じた学者がいたようです。しかしこの原子の連鎖作用を成功させるには、純粋なウラニウム二三五が必要です。この純粋分離には莫大な費用と工業力が不可欠です。世界各国の核物理学者を集結させ、ウラン鉱と資金を持った、アメリカだから完遂できたことです。

〈「とにかく偉大な発明だねえ、この原子爆弾は——」〉

防空壕の中に嘆息の声が流れました。

服も焼け焦げて裸同然みたいな、片眼が潰れたり、頭髪が抜けたり、血に染まった学者たちの中からこの声が出たのです。

まさか！　私は胸を衝《つ》かれました。

いったい何が偉大なのか。

原子爆弾の超弩《ど》級の威力において？

人類史上最強の殺傷力において？

そのまさに被害者たちが感動しているのです。

戦勝国アメリカの学者が言うならわかります。その国で五年間も開発に関わった学者たちが言うなら、うなずけるかもしれません。しかしそれが敗戦国の、しかも開発競争に携わったこともない、原子爆弾で壊滅した医科大から這い出して九死に一生を得た永井らが、いったいどんな思いで「偉大な発明だ」と讃えたのでしょうか。

私が永井隆の『長崎の鐘』に魅かれるのは、この学者たちの底抜けの純粋さに打たれるからです。彼らは両手に何も特別なものを持ってない、隠していない本当に素手の医学者なんだろうと思うのです。

「とにかく偉大な発明である」

たしかに、そうに違いありません。

宇宙にひそむ根源のエネルギーを取り出す方法を確立したのですから。何十億年も燃え続けて尽きない神のごとき太陽のエネルギー放出の原理を突き止めて、その力を解放することに成功した。これほど明確な手柄はないと思います。

ここで理論物理学者・佐藤文隆著『科学と幸福』（岩波現代文庫）という本を紹介します。その中にこれまた大胆な次のような意見が書かれています。

〈科学にとってトラブルなのは、原爆のような「悪魔の知」への挑戦であっても、科学者という人種は嬉々として熱中してそれを達成するということである。そしてまた戦後の歴史が証明しているようにこの同じ能力と情熱が科学のフロントを拡大させている。要するに両者には差はなく、何れにも転化するということである。「原爆はすごい！」と子供心に思わせたあの「感銘」が科学の営みに人々をかき立てる情念であるなら、科学の知への情念はなんらかの別の価値観で統御されねばならないことになる。〉

ということは「原爆はすごい！」という驚嘆の感情は、もはや科学者には言うに及ばぬことのようでした。そもそも最初のほうで述べている、戦後間もない頃、人々が原爆に抱いていた感情は、現代とは違ったものであったようです。

〈それは、子供心にも「原爆はすごい！」という感銘のようなものが当時はあったという記憶である。「記憶」だけでなく自分を物理学に導いた原体験ではなかったかとの想いである。戦後四年目の湯川秀樹のノーベル賞受賞という〈事件〉でも、その研究内容が原爆と同じ「原子の世界」であるという一体性が強調された。科学の進歩は今や原子の世界を解明し、その最初の証明が爆弾であったのは不幸であるが、その知識が原子力をはじめ数々の恩恵をもたらす科学の時代に入ったといわれた。〉

その「すごいもの」がもてはやされた当時の空気感は、しかし戦後九年目のビキニ環礁で起きた第五福竜丸の被曝事件をきっかけに、原水爆禁止運動に押されて消えていきました。それまで日本は唯一の被爆国でありながら、「原爆は科学史の偉大な業績」などと普通に書いていたのでした。

さて、永井隆も原爆で崩れ落ちた長崎医大の防空壕で負傷した身を横たえて次のように語ります。そこ、読みますね。

〈かねて原子物理学に興味をもち、その一部面の研究に従っていた私達数名の教室員が今ここにその原子物理学の学理の結晶たる原子爆弾の被害者となって防空壕の中に倒れておるということ、身を以《もっ》てその実験台に乗せられて親しくその状態を観測し得たということ、そして今後の変化を観察し続けるということ、まことに稀有《けう》のことでなければならぬ。私達はやられたという悲嘆、憤慨、無念の胸の底から新たなる真理探求の本能が胎動《たいどう》をはじめたのを覚えた。勃然《ぼつぜん》として新鮮なる興味が荒涼たる原子野に湧《わ》きあがる。〉

ここ、現代の私たちが読むと永井の心理は尋常ではありませんね。もしや歓喜してませんか？　悲しんでるんじゃなく、科学者としての真理探求の念が勃発してるんです。まことに稀有なことだと感動して言っているのです。

世間のある人々はこの部分の文章を、当時のＧＨＱがこの本の刊行と交換条件に書かせたんじゃないか、と言っています。『長崎の鐘』は原爆の翌《あく》る年、昭和二十一年の夏には書き上がっていましたが、そのときは発刊禁止になって、日本軍の大量殺戮《さつりく》を記録した『マニラの悲劇』と抱き合わせ刊行となりました。初版は昭和二十四年です。ちなみにその二年後に永井隆は四十三歳で亡くなりました。

私は原爆を讃えるかに見えるこの永井の文章は、ＧＨＱに強制されたものではないと思っています。少なくともこの部分だけは科学者としての永井の心が発動した、大胆率直真摯《しんし》な思いだと感じます。強制された文章なら、こんなに大胆にスッパリと書けないはずです。心が伴わない文章は歯切れが悪いものです。それで、あるとき長崎原爆資料館の知人に意見を聞いてみたところ、彼もひと言でスッキリと同意を表明してくれました。「私もそこの部分は永井隆の学者としての思いであると信じます。学問とはそういうものでしょう」。もし事実確認が欲しいなら日にちをもらえれば確かめることができる、とまで言ってくれましたが、私はその言葉だけでもう充分でした。

危険なのは物理学でしょうか？　学問でしょうか？　ということは世界の真理をさぐることでしょうか？　いや、世界の真理そのものでしょうか。恐ろしいもの、悪いものとは何でしょうか。

このあいだ、湯川秀樹の本を読んでいたら、こんな文章がありました。

〈人類の長い歴史の中で現代はどういう時代であろうか。あるいは、どういう時代となりうるであろうか。（中略）

過去のいくつかの時点において、何人かの人が、同様な設問（中略）に解答をあたえている。例えば紀元一世紀のローマ人プリニウスは『博物誌』の中で鉄は生活における最善にして最悪の道具である。鉄で土地を耕し、樹を切り、石を切り、家を建てる。しかしまた、鉄を戦争、殺人、強盗にも用い、直接殺しあうだけでなく、投げ道具にし、あるいは羽根をつけて飛ばせる。死がいっそう早く人間に達するように、死に翼をつけたのである。しかし、自然には責任がない。ポルセンナの市民は国王を放逐し、ローマ市民と講和条約を結んだが、その条件は鉄を農業以外には使用しないということであった。

（中略）この解答が、二千年近くの年月をへだてた現在の時点において、私たちの考えていることと、あまりにもよく似ているのに驚かされるのである。（中略）しかし幸いにして鉄は、それだけでは人類の歴史を中断させうるほど巨大な力を持っていなかった。〉

（『湯川秀樹著作集5　平和への希求』岩波書店）

危険なものとは、鉄みたいな固いものとか、原子爆弾みたいな破裂するものとか、高温の熱を出すものとか、そういうのと違うようですね。憎悪とか、殺意とか、嫉妬とか、形のないものですね。鉄も、ウランも、プルトニウムも、それ自身で暴れることはないですから。それを暴れさせるのは人間の心ですね。

心といえば戦後の人々に原子力は夢を見せてくれました。もちろんビキニ環礁の水爆実験の時期までですけど。昔の雑誌を読んでいると、家庭の台所用原子炉なんてものがありました。むろん実現するはずはないけど、原子炉搭載の汽車とかです。焼け跡から立ち上がる人々に、そんな未来の科学の夢をいっとき見せてくれたのでした。

私は原爆というと、宮澤賢治の『グスコーブドリの伝記』という童話を思い出します。これは賢治の住む東北を連想させるイーハトーブの森に暮らすブドリという若者が、火山局の技師となり、冷害に苦しむ農民のため火山を人工的に爆発させる話です。恐ろしい童話です。火山の爆発で大量の炭酸ガスが出て、それで大気の温度を上げようというわけです。

賢治は農学者です。童話のブドリは犠牲となって死に、代わりにイーハトーブの田畑は豊作になりますが、しかし現実に大火山が爆発すると、降灰は上昇気流に乗って広域に拡散し日光を遮《さえぎ》ります。大正時代の鹿児島県桜島の大噴火では、灰がカムチャツカ半島の土層にも積もったというほどです。日照不足のほうが深刻な凶作の原因になります。大正末から昭和初年に書かれた童話なので、当時の科学では予測がつかなかったのでしょうか……。

さて『長崎の鐘』に引かれて、紀元一世紀のローマのプリニウスの文章も覗きましたね。

『グスコーブトリの伝記』もひらいてみました。そして最後にもう一つ、私は思いがけない本に行き当たりました。

今回の結びにそのこともお話しします。

原爆が落ちた直後、長崎医科大の教室で学生の藤本君がラテン語の解剖学の講義を受けているとき、辺りが暗転しますね。建物が崩れ落ちて下敷きになる。闇に火の手が広がってくる。死を覚悟したとき、藤本君は級友の体が焼ける匂いを嗅ぎながら、不思議な死の静寂空間に包まれます。「一大事とは唯今《ただいま》のことなり」まさに然《しか》り、と彼は思う。そのときです。

「此《これ》亦《また》放《ほう》尿《にょう》喫《きっ》飯《ぱん》脱《だっ》糞《ぷん》之《の》徒《と》耳《のみ》」

という奇妙な文字列が藤本君の脳裡に浮かんだのです。そして彼はくすりと笑いました。これはどういうことでしょう。藤本君はなぜこんなとき笑ったのか。そしてまたこの漢文の文字列の意味は何でしょうか。パソコンを開けてネットで適当に検索してみました。すると俳人の永田耕《こう》衣《い》が、荘子の言葉を紹介していることに気づきました。その中にこう注釈がありました。

「喫茶喫飯、脱糞放屎、睡眠男女の類は、人間生活必定の最低辺《（ママ）》なり。絶対遁れ得ず。故に可笑し。」

なるほど、藤本君はこの荘子の言葉を思い出したのかと。そして「故《ゆえ》に可笑《おか》し」と自分も笑ったのですね。上等ぶってみても人間はこの人体摂理からのがれることはできないと。原子爆弾の火が迫って、これぞ火急の大変のときよく笑いました、えらい。ところで「脱糞之」の下に「徒耳《とのみ》」とある。徒は無駄とか無益の意味もあります。人は食べて排泄する徒《やから》に過ぎない、という自嘲です。

私はこのくだりを読んで当時の学生の知識というか、見識の高さに頭が下がりました。時代もあるのでしょうが、中国の荘子だけでなく、藤本君は永井隆の弟子で放射線研究をする物理学と医学の道を志す学生です。荘子の知識は彼が身につけた教養でしょう。

この藤本君の感受性の鋭さに感嘆するとき、私が必ず思い浮かべるのはもう一人、この時代、時も同じく昭和二十年の敗戦のさ中に死を覚悟した学生のことです。

『長崎の鐘』永井隆（二〇一〇年、平和文庫）

『長崎の鐘』「戦艦大和ノ最期」（二十二歳の初稿）

——死のまぎわに考えること

重油の海に浮かびつつ、今、ワレ音楽ヲ聴ケリ、
真ナルヤ？　然リ、バッハ『無伴奏ソナタ』。

みなさん、こんばんは。

今日は前回のテキスト『長崎の鐘』の一部分と併せて、これも世に知られた『戦艦大和《せんかんやまと》ノ最期《さいご》』を読みたいと思います。

この二冊の本に登場する二人の若者はまだ二十歳そこそこで、どちらもまさに死の瀬戸際に瀕したときの尋常でない体験の持ち主です。

『長崎の鐘』の前半で登場する藤本君のことは、前回の講座で取り上げました。昭和二十年八月九日の原爆投下で長崎医科大学の校舎の下敷きになり、厚い瓦礫の底に生き埋めになった学生です。

ところが身動きならない体の下を手で探ると、床板の釘が爆風の衝撃で抜けかかっていた。藤本君は、ここぞとばかり床板を引き剝《は》がして下の隙間へ転げ落ち生きのびました。

今回はそのもう一人の若者、学業半ばで出征させられた吉田満《みつる》少尉が、死の海を脱して書き上げた『戦艦大和ノ最期』を読みます。死を前にした二人の青年が脳裡に浮かべたものはどんな想念であったか、これから考えてみたいと思います。

昭和二十年四月、原爆投下をさかのぼる四カ月前のこと、アメリカ軍はいよいよ沖縄へ上陸しました。ここで日本兵と住民合わせて死者二十万人という悲劇の沖縄戦が起きるのですが、戦艦大和はその米軍の攻撃に出航します。そのとき乗務していたのが吉田少尉です。

まだ卒業もしていない学業半ばの若者がなぜ入隊後すぐ少尉になったのか？　それは当時の旧制大学および旧制高等学校の学生は、高学歴ということで幹部候補生であるからです。例外は理系学部で、兵器の開発に関係する重要な学問として、二十六歳まで徴兵を猶予されました。二十一歳で戦艦大和に乗った吉田君……、ここでは二人一緒に君づけで呼びますね。彼は東京帝国大学法学部の学生でした。

「大和」は大艦巨砲主義が盛んだった時代に建造が始まり、やがて戦闘の主力が航空機に移った頃やっと出来上がった、史上最大の超大型戦艦です。しかし昔の戦艦同士の一騎打ちだった戦争は消えて、大和の巨体は空からの攻撃の格好の標的となりました。

建造以来、不沈艦と呼ばれた「大和」はガダルカナル戦のとき「これぞ出番である」と山本五十六《いそろく》が身を乗り出したのに、もったいながって海軍は出し惜しんでしまった。あのとき「大和」が米軍の飛行場を海から攻撃すれば、ガダルカナル島の玉砕《ぎょくさい》は起きなかったとも言われます。ふさわしい戦場を得られないまま、昭和二十年四月七日、沖縄へ向かう途中の鹿児島県坊《ぼう》ノ岬《のみさき》沖で、米軍機の大編隊と遭遇した。

百十七機の猛攻撃に、大和は二時間の戦闘で爆弾や魚雷を浴びて大爆発を起こします。噴煙は上空千メートルに達し、桜島が噴火したかに見えたそうです。このとき吉田君は重油と火と血の海に投げ出され、大和の巨体が三つに爆裂し、周囲のあらゆる物を巻き込みながら沈むのを目の当たりにしました。

私は死地を脱した藤本君と吉田君の、稀有《けう》な運命をお話ししようというのではありません。戦争に行くと命を落とす人と助かる人があるわけで、それを運命というふうには呼びたくない。助からなかったから死んだのであり、助かったから生きのびた。事実がすべてで、そこには「運良く」も「運悪く」もない。運命という言葉は結果に対する情緒論です。長崎医科大生の藤本君と、戦艦大和の吉田君は生きのびた。それがすべてです。

ところでこれからが今回の話のテーマです。

その絶望的な死の状況が迫ったとき、二人の若者の脳裡にヒョイとある想念が浮かびました。その浮かんだものが面白いのです。死に瀕した者に、面白い、とは変ですが、死に瀕してなどいないような、おかしくて、突拍子もない想念です。死を前に何でそんなものが脳裡をよぎったのか。人間の意識の動きに驚きます。

人は死が迫ってくると自分の今までの来し方が、走馬灯《そうまとう》のように浮かんでくると言われます。

けれど二人のはそれとは違うのです。もっと深く意識と無意識が繋がっているような思い、想念です。

まず『長崎の鐘』から始めます。戦後、この本をもとにした映画や歌が出て、誰知らぬ者もないベストセラーになりました。しかし前章でもお話したように、今は本の名前だけ残っているような感じがします。そこで少しだけ『長崎の鐘』の内容についてもう一度紹介させて頂きます。

著者の永井隆は原爆投下で焼け落ちた長崎医大の助教授で、物理的療法科の医師でした。この本は永井の被災当日から、救護に当たる日々のことが、つぶさに書き残されたドキュメント性の高い文章です。けれど随筆というには理性が通り、しかし、目撃者の証言をもとにした次のような文章は、記録文でありながら高い文学性を持っていると思えます。

長崎医大の敷地は浦上天主堂のすぐそばで、爆心地から三百〜七百メートルです。医大は一瞬に崩れ落ち、部屋にいた永井の眼前がぴかっと閃《ひらめ》いた。窓が破れ永井自身は目を見開いたまま爆風に吹き飛ばされていきました。これは永井自身の体験です。

〈目にみえぬ大きな拳骨《げんこつ》が室中を暴れ回る。（中略）ぞうぞうと潮鳴《しおな》りの如《ごと》く、ごうごうと嵐の如く空気はいちめんに騒ぎ回り（中略）あたりはやがてひいやりと野分《のわけ》ふく秋の末のように、不思議な索莫《さくばく》さに閉ざされて来た。これは唯《ただ》ごとではないらしい。〉

それから辺りが真っ暗になり、倒壊した建物の下に生き埋めになったことを知ります。永井は救出されますが、教え子の一人、藤本君は別の教室の下敷きになって、猶予ならない状況となりました。闇の中に八十名の学生のうち生き残った者の声はわずか。木材の隙間から物の焼ける匂いが流れ込んできました。火事です。ぱちぱちと火の燃える音がするけど、梁《はり》やら桁《けた》やら瓦やら土やら積み重なったもので身動きは取れない。空気は次第に熱くなってきました。状況がいよいよ逼迫してきたときです。

〈突然、海ゆかばを歌いだした者がある。せい一ぱい大声でゆっくり歌いつづけてゆく。藤本君は全身の力を失い、そのままころりと転がって、友の最後の歌に耳をすましていた。〉

私はこの「海ゆかば」の歌には驚きました。これはどうも軍歌ではないのでしょうか。まだ兵役に就《つ》かない学生が、こんなときに歌うでしょうか。調べてみるとこの歌は昭和十二年に国民の戦意高揚のため作られたようです。太平洋戦争が始まる四年前のこと。二・二六事件の翌年で彼方に戦雲が見え始めているときです。歌詞は戦争と直接関係ない『万葉集』からとられました。

海行かば　水漬《みづ》く屍《かばね》　山行かば　草生《くさむ》す屍　大君《おおきみ》の辺《へ》にこそ死なめ　かえりみはせじ

「君が代」と並べて「海ゆかば」は当時の〈準国歌〉で、太平洋戦争に入ると海軍の出兵とか、軍の葬送の式典には必ずこの音楽が流れたそうです。ということは戦争末期には兵役に関係なく、広く男子の「覚悟の歌」として通っていたのかもしれません。

話は終幕へ向かって速まります。辺りはしだいに熱気が立ち込めてゆく。「海ゆかば」を歌い終わった級友の声が別れを告げます。「諸君、さよなら――僕は足から燃えだした」。藤本君は〈あと二分〉と自分の番が来るのを覚悟する。その短い時間に彼の脳裡にこんな思いが浮かびました。

〈この狭いがらくたの空間に一切の自由を奪われ無抵抗裡《り》に燃やされ、炭化され、灰になろうとして何をあわてる必要があろう。『縹渺《ひょうびょう》』ここに於《おい》て肉体は寸尺の活動の余地を有しないが精神は天地宇宙の間にひょうびょうと流れてゆくのだ。あと一分の不自由だ。肉の焼ける匂《におい》がする。若い肉体の燃焼する快《こころよ》い匂だ。僕の匂もよいだろう。〉

藤本君は最後の二分間で自身の肉体が燃焼して、ただの炭に変わることを受け容れます。そしてその心は暗黒の檻《おり》を抜けて、果てしない神韻《しんいん》縹渺とした空間へと広がっていき始める。もはやこうなると若い級友の肉体が焼ける匂いも厭《いと》うものではなくなっていく。昔はまだ二十歳くらいの理系の学生も「縹渺」という言葉を知っていたのですね。

〈『一大事とは唯今《ただいま》のことなり』まさに然《しか》り。『此亦放尿喫飯脱糞之徒耳《これまたほうにょうきっぱんだっぷんのとのみ》』藤本君は思わずくすりと笑った。〉

これは前章で出てきますね。一大事とは唯今なり。そう、原子爆弾の火が落ちて、今がまさに正念場です。そのときに荘子の言葉を思い出して藤本君は闇の中で微笑したのでした。

永井隆は被災者の救護に当たる中で、崩壊した校庭を杖にすがって歩く藤本君の姿を見つけました。そして、永井は家へ帰るよう命じています。家がどうなったか見に行かせたのでしょうね。

永井隆の家の焼け跡からは、妻の腰骨の一部とロザリオが見つかったといいます。その後に藤本君はどうなったか本には登場しません。彼のフルネームもわかりません。戦後も生きていたら生と死が鬩《せめ》ぎ合ったあの暗闇のことを何かに書くか、語るかしたのではないかと思います。


では次は『戦艦大和ノ最期』の吉田満君の体験とその心境に移ります。

大正十二年（一九二三）生まれ。『長崎の鐘』で断片的に記された藤本君と違って、こちらは名前も年齢もちゃんとわかっています。

吉田君はその後の日本復興の一翼を担った人物ではないかと思います。この講座では原爆投下地にいた藤本医大生と並べるため、あえて吉田君ということにしていますが、戦後のこの人物は吉田氏と呼ばねばなりません。戦艦大和の沈没後、彼はぶじ救助されて、東京大学に復学します。

卒業すると日本銀行に就職し、やがてニューヨーク勤務、国庫局長、監事などの要職を務めるも、まだ五十六歳という齢で肝不全により死去します。戦艦大和沈没から吉田氏は戦後三十四年を生きる中で、職務の一方に新旧二つの時代を見据え、『提督伊藤整一の生涯』『戦中派の死生観』など多くの著作を遺しました。

吉田君は大和に乗り込んだとき、相応の死を覚悟していたと思われます。ここが学生の藤本君と立場が違うところです。大和の出撃は初めから「特攻」だったのです。「特攻」といえば飛行機に爆弾を積んで体当たりする神風《かみかぜ》特別攻撃隊が知られていますが、じつは大和も海の「特攻作戦」だったのです。

あと四カ月後にはこの戦争が終わるというとき、大和と共に海中に没した若者は二千四百九十八名にのぼるといいます。乗員三千八百名のうち、助かったのは三百二名だそうです。その中に吉田君も混じっていたのです。戦争に生き残るということは、死んだ戦友の存在をつねに傍らに感じながら生き続けていくこと、と後に彼は書いています。それが戦中派という世代であるといいます。私たちに想像できない厳しい人生かと思います。

この齢になると私にも死んだ友人は沢山いて、癌《がん》年齢というか、生きている友達の方が少ないです。しかし戦死は病死とは違います。敵に殺されるわけで、それなら敵を恨むかといえば、そういうわけにもいかない。敵味方は国と国の関係で、恨むなら兵隊にした自分の国を恨むしかない。

その国も為政者が変わって、世の中はただ「戦争は悪い」という評価は定まるけれど、謝罪する者がいない。たとえ謝罪されてもすむものではありませんが、謝罪する者がいるのと、いないのでは違います。そんな宙ぶらりんの中に、日本国の戦死者は二百三十万人ともいいます。

すると生きた者はよかった、ということになるのでしょうか。ならないですね。そうはならないのが人間の普通の感情だと思います。

癌で入院した私でさえ、枕を並べて語り合った病気友達の殆どが亡くなった今、本心で「生きていてよかった！」とは手放しで思えません。生きられなかった友達の影を忘れてはいないのです。

終戦の年の秋、二十二歳の吉田君がどんな思いで毎日暮らしていたかはわかりません。著書の『戦中派の死生観』に書いていたのだったか、彼は父親の知人である吉川英治の所に行って、戦艦大和の壮絶な戦いと兵士の死を一心に語りまくったそうです。

初めは呆気《あっけ》に取られていた吉川英治は、聞き終えると「君が書け」と言った。彼は飛んで帰って大学ノートに猛然とほとんど一日で書き終えました。漢字とカナまじりの文語体です。機と念が合致して出来上がったわけです。それが『戦艦大和ノ最期』でした。吉田君はまた飛んで吉川英治宅へ持っていったのです。

そして彼の鉛筆書きのノートは、人の手から手を経てどこかへ渡っていきました。翌年の春でした。日本銀行に入社した吉田君を一人の男が訪ねてきます。応接室で待っていた来客の手には、今はすっかりくたびれた表紙の鉛筆書きノートが握り締められていたのです。客は評論家の小林秀雄その人でした。小柄な人物。

「銀白色の髪。静かな強い眼差し。それまで写真を見たこともなかったが、紛うことなき本物のすご味がそこにあった」と書いています。小林秀雄は無名のこの若者が書いたノートを持って白洲正子に会いに行き、正子の夫の白洲次郎に挨拶もそこそこに話を始めました。次郎もその気になって「一発で通してやる」と応じます。

どこへ通すのでしょう。占領下の日本でしたから、相手はＧＨＱにほかなりません。『戦艦大和ノ最期』の出版許可を取りつけるのです。白洲次郎が請け合って預かりました。思いもよらぬ方向に話は進んでいきましたが、この先は通せんぼとなりました。マッカーサーに「容易ならざる日本人」と言わしめた白洲次郎の推挙でも、これは無理でした。何しろ東京の焼け跡もまだ燻《くすぶ》っているような戦後二年目です。

二十二歳の吉田君が一日で書き上げて、吉川英治や小林秀雄を驚かせた『戦艦大和ノ最期』とはどんな文章だったのか。テキストをどうぞ。まず書き出しはこうですね。漢字片カナまじりで読みにくいので、ゆっくりと読みます。

〈戦艦大和の〔ママ〕最期

天号作戦に於ける軍艦大和の戦□《欠字ママ》経過

吉田満

昭和二十年四月　当時、少尉、電測士乙トシテ勤務セリ
二日　　呉軍港二六番「ブイ」繋留中
早朝
各部修理、兵器増備ノ為、入渠ノ予定ナリシモ、突如
艦内令達器「〇八一五ヨリ出港準備作業ヲ行フ　出港ハ一〇〇〇」
カカル不時ノ出港ソノ前例ナシ　サレバ待望ノ時カ
通信士、信号ノ動キヲ伝フ　我レヲ待ツモノ出撃ヲ措キテ他ニアルベカラズ
アァ如何ニ此ノ時ヲ、此ノ時ヲノミ期シテ待チシカ〉

沖縄特攻の命令が出たところから始まります。

表題の『戦艦大和の最期』と次の見出しは、まだ漢字と平仮名表記ですね。表題の「の」に〔ママ〕の注がついてます。初めは普通に平仮名で書く気分だったのが、書き出してすぐカナ表記になったのでしょう。カナ文字が自然に出てきたものと思われます。吉田君としては文章より先に湧くような思いがある。それが口をついて出てくるので平仮名では追い着かない。生まれ出る言葉が手の指の動きより速かったのではないか。

洋上で総員集合となり、艦長より、本作戦の目的、本艦の使命を述べられ総員の奮起を切望される。このときの副長の檄《げき》。「神風大和ヲシテ真ニ神風タラシメヨ」。大和のため神風の真価を発揮せよ、というような意味でしょうね。翌三日早朝に敵機来襲の報があるけれど、現れたのはB29が一機のみ。中型爆弾一個を落とすが損害なし。写真偵察かと思われる。ラジオで沖縄各地の敵襲が報じられて、

「『シバラク待テ、期シテ待テ』心ニ叫ビテ止マズ。」

と吉田君は綴ります。四日早朝にはまた敵機が来襲して駆逐艦「響《ひびき》」が水雷を受けて航行不能となり、駆逐艦「初霜《はつしも》」が曳航《えいこう》して呉《くれ》港へ引き返す。ここで大和に連なる艦隊八艦が六艦に減ります。敵は空から来る。それを迎え撃ち大和を護る航空機がないのです。裸の連合艦隊は空の脅威に曝《さら》されながら進みました。

七日、大和は坊ノ岬沖で敵機の大編隊に襲われます。看板の高角砲や機銃で空が真っ暗になったといいます。一波、二波の襲撃後、魚雷の命中で大和は浸水、十五度も傾いて火災が出た。米軍は不沈艦といわれる大和の攻撃法を研究し、敵機は砲火を左舷に集中していました。

第三波の攻撃が開始されたとき、大和の左舷の上甲板は水中に沈み、有賀幸作《あるがこうさく》艦長は海戦史上初めてという「総員退艦」の命令を発しました。もとから無暴犬死の作戦で、有賀は自らは艦に残り、全員を退避させようとしたものです。しかし大和は左へ転覆、魚雷九本、大型爆弾

五発で水中爆発を起こして火を噴きました。
吉田君のノートにはこうありました。次はいよいよ最期の場面なので、読みにくいけど文字を追ってください。

〈屹立セル艦体、露出セル艦底、巨鯨ナドイフモ愚カナリ
『沈ムカ』一瞬灼ク如ク身ニ問ヒタダス
見下ロセバ滔々トシテ泡立チ上ル潮ノ青サ、美シト思フ瞬時、大渦流ニ逸シ去ラル
（中略）
赤熱ノ鉄片木塊冲天ニ飛散シ轟々落下シテヨク浮キ上レル者多数ヲ殺傷ス
最後ニ浮ビ来タレル者我等ノミ此ヲ見ズ　タダ濛々タル硝煙ヲ見シノミ〉

沈没する寸前の戦艦大和

午後二時二三分、ついに大和は轟沈《ごうちん》します。重く泥のような重油と、寒さ、空から浴びせられる機銃掃射。小山の

ような外洋の荒波。出血と、その臭いを嗅いでくる鱶《ふか》との闘い。海中に逃れても別の敵が襲います。

〈哀レ発狂シテ沈ミ行クモノアリ
若キ兵ノ、母ヲ呼ブラシキ断末ノ声
（中略）
凍死ハ睡《ねむ》ル如ク、深ク、安ラカナルベシ、ト思フ……〉

このときです。吉田君の脳裡によぎったものがある。

〈フト思フ
貴重ノ時
真ノ音楽ヲ聴クハ此ノ時ヲ措キテアルベキカ
聴クベシ
我レ直《すなお》ケレバ聴クヲ得ベシ
一瞬ヲ得ン

我レ自ラノ音楽ヲ持タザリシカ
スベテ偽ナリシカ
待テ、今聴キシモノ、マサニ然リ、音楽ナリ
否、作為ナラズヤ
否
思フベカラズ　構フベカラズ〉

ふと吉田君は思いました。

わが身の一大事のとき、真の音楽を聴くのはこのときをおいて他にあるだろうかと。

聴け。

自分は素直な心根であるから聴くことができるだろう。その一瞬を得られるに違いない。

自分は自分だけの音楽を持っていないか。

そんなものは幻のようなものか。

待て。今聴いたものは、まさにそうだ。音楽である。

いや、それは私が故意に作ったものではないのか。

いや。

思いすぎてはならない。こだわりすぎてはならない。
音楽である。

と、こう吉田君は重油の海にかろうじて首を浮かべながら慄然《りつぜん》と考えていたのです。
後に吉田満氏に関する本を読むと、若いときから彼はバッハの曲を熱愛していたということです。バッハは彼の生涯の音楽だったのです。しかしです。鱶の恐怖と寒気と流れる重油のただ中で、吉田君はその音楽を脳裡に響かせることができたでしょうか。私は大和の生き残りの老人が、爆発の衝撃で艦内の壁に兵士の手の指が突き刺さっているのを目撃したと語っているDVDを見ましたが、事実か否か、とにかく想像を絶する世界です。
そんな地獄でバッハを聴けるものでしょうか。その人間の〈脳〉を〈魂〉と言い換えたらどうでしょう。炎に閉じ込められた藤本君の精神が行き着いたあの〈縹渺〉とした世界こそ〈魂〉の領域で、そこでならバッハの音楽も湧現するのではないか。

〈聴クベシ〉

と、吉田君はうなずきます。自分は素直な心を持っているので、その稀《まれ》な一瞬を得ることができると自身に言うのです。

〈マサニ然リ、音楽ナリ〉

戦艦大和轟沈の海でそれこそが奇跡のようではありませんか。

やがて一隻の駆逐艦がこっちへ向かってきました。空爆下で必死の救助が始まります。縄梯《なわばし》子《ご》に食い下がり吉田君が甲板に上がると、そこも死屍《しし》累々《るいるい》で足の踏み場もない。しかしかろうじて死の海から脱出できたのです。

吉田満著『戦艦大和ノ最期』は現在、ふた通りあります。一つは吉川英治の勧めで吉田君自身がたった一日で書き上げた初稿。当然、短いものです。その短さの中に初心の思い、熱情がこもっていると私は思います。これは昭和二十一年創刊の『創元』に掲載予定でしたが、占領軍の検閲で破棄となったということでした。しかしその後、評論家の江藤淳がアメリカのメリーランド大学の附属図書館にきちんと所蔵されていたのを見つけ、昭和五十六年『文學界』九月号に掲載されました。三十五年目に日の目を見たわけです。アメリカは焼いたり捨てたりはしなかったのですね。私の読んだのは、同年刊行の江藤淳の評論集『落葉の掃き寄せ』に収録された、この初稿でした。

もう一つは現在広く普及している講談社文芸文庫の『戦艦大和ノ最期』です。これは昭和四十九年に著者が新たに書き加え、修正を施したもので、ページ数も相当に増えています。そして初稿と、修正・加筆稿を読み比べると、文章を書く者にはとても興味深い結果が出ています。加筆して文章を整えると、より優れたものになるか？　答えは微妙なのです。書かれている事柄の精度は増すのは当然だけど、文章自体の深味や味わいとしてはどうなのか。

ここで先ほどの、海に投げ出されて音楽を聴く場面を比べてみましょう。普及版の修正・加筆原稿の方を読んでみますと、だいぶ書き込まれてある。というより文章が違っています。

〈フト思フ　貴重ノ時、真ノ音楽ヲ聴キ得ルハ、コノ時ヲ措《お》キテ他ニアルベキカ
聴クヲ得ベシ　ワレ今素直ナラバ必ズ聴クヲ得ベシ　類イナキ一瞬ヲ得ン
――空白　死ノ如キ静寂
サラバワレ、ミズカラノ音楽ヲ持タザリシカ　カノ愛着、カノ自負、スベテ偽リナリシカ
――待テ、今聴キシモノ、胸ニ蘇リタルモノ、何ゾ
マサニシカリ、「バッハ」ノ主題ナリ　耳馴レタル、ワガ心ノ糧ナル「無伴奏ソナタ」ノ
主題ナリ

――シカラズ　作為ナリ　幻覚ナラズヤ
イナ、思イ惑ウナ　意ヲ構ウベカラズ〉

じつに丁寧に書き込まれて、初稿の文章より読みやすく、分かりやすいです。そして初稿では、ただ音楽とのみ書かれているところが、バッハと、彼の愛する作曲家の名前も、「無伴奏ソナタ」という曲名も書き加えられています。けれど分かりやすくなったぶんだけ、私は死地で聴く音楽の荘厳さが薄まっているのを感じないではいられません。説明するほど言葉が増えるほど注釈が増えて、真実味から遠ざかって見えるのは、文章でも話し言葉でも共通するのだと思わされるのです。

やがて江藤淳はアメリカから帰国すると、大学に戻って二百人ほどの学生にふた通りの『戦艦大和ノ最期』を読ませて感想を書いて貰いました。すると大方の学生は普及版の、説明やエピソードが入ったものを興味深いとしながらもやはり冗長として、初稿の簡潔さに戦争の悲愴感や真実味を覚えたと記しています。

待テ、今聴キシモノ、マサニ然リ、音楽ナリやはりこっちの簡潔な文章なのですね。

本当に人間ほど物思う生きものはいません。ある者はやがて炭となるわが体の無益を笑い、ある者は戦艦大和の爆裂した海で、バッハの「無伴奏ソナタ」を確かに聴いたと胸を震わす。いろいろ違いながらも両極の地獄でつながっていて、おかしいです。

人間の心よ、どこまでも自由に。

こう言って今回は終わりたいと思います。


「戦艦大和ノ最期」吉田満著（二十二歳の初稿）は江藤淳著『落ち葉の掃き寄せ――敗戦・占領・検閲と文学――』（一九八一年、文藝春秋）より引用。掲載にあたり、旧字を新字に改めた。

『戦艦大和ノ最期』吉田満著（一九九四年、講談社文芸文庫）

「手なし娘協会」

――腕を取り戻した娘たち

あたしの腕のない体はとても軽く、何だか手のあることが人間の罪業のようにさえ思えたわ。

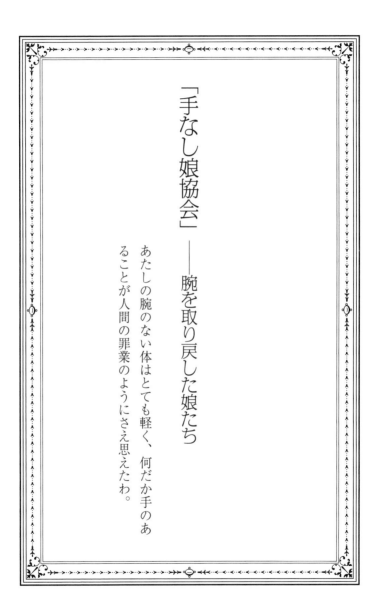

みなさん、こんばんは。

今回は民話の「手なし娘」を紹介します。

「手なし娘」？

それはグリム童話じゃないのって。

はい、これはグリム童話だけでなく、イギリスの古い『カンタベリー物語』やイスラムの『千夜一夜物語』にも入っています。そもそもグリム童話自体が創作ではなくて、昔の民話から採集してメルヘンにしたものです。ということは「手なし娘」の類話は世界各地に分布していて、広く国を超えて人の心をとらえる普遍性を持っていたのですね。

ではいったい「手なし娘」は世界のどんな国々に、どのようなバリエーションで定着していったんでしょうか。

まずグリムの本国ドイツを筆頭に、イギリス、フランス、イタリア、スペインとヨーロッパ圏で語られています。それからラテンアメリカ、アフリカにも、中東のトルコ、イラクにも「手なし娘」の類話がありました。

でも私が本当に驚いたのは日本の国内でした。

これはもう全国各地に残っていることを知りました。民話の分野を覗いてみると、研究者の厚い資料本が積まれています。

北は青森から岩手、福島、栃木、東京、山梨、岐阜、大阪、兵庫、岡山、広島。そして四国から九州へ渡って、福岡、宮崎、鹿児島へ行き、喜界島《きかいじま》、さらに沖縄など列島の津々浦々に分布しています。その話は豊富なバリエーションで様々に展開し、各々の地方のユニークな方言で語られます。

何だか「手なし娘」パラダイスみたいです。一話ずつの題名も「手なし娘」じゃなくて日本風に「てっきりあねさま」なんて言ったりします。漢字で書くと「手っ切り姉さま」で、日本版独特の怖い雰囲気。福岡には博多弁の「てっきりあねしゃん」があるようです。一度、耳で聞いたみたいな、と思っているところです。

でも、どうして美しい娘たちが手を切り落とされる話が、これほど世界の各地にあるのでしょう。なぜ娘たちは足じゃなくて手を、それも手首からじゃなくて、揃いも揃って申し合わせたように両腕の付け根から切り落とされてしまうのでしょう。

それにはどんな意味が込められているのか。昔の人たちはどうしてこんな無惨な話を、まるで競い合うように作ったのでしょうか。不思議と言いたくなります。

ところで今回の本よみ講座のタイトルは、「手なし娘協会」という私の書いた短編小説から取りました。この作品は文芸誌『群像』がグリム童話にあやかった特集を組んで、そこへ出した作品です。『暗黒グリム童話集』は、六人の作家と挿画家のコラボによるその特集を変型判の美しい本にしたものです。

私が「手なし娘」を選んだのは、今お話をした腕を切る意味と、世界に蔓延したバリエーションの多さに惹かれたからです。そしてグリムの「手なし娘」から、現代日本版の「手なし娘」を書いてみたくなりました。類話がこれほど豊富に残っていることに溜息が出ます。人間の考えることって面白いです。

「手なし娘」を選んだもう一つの理由は、メルヘンの中では珍しく「手なし娘」が女性の艶《なまめ》かしさを感じさせるからです。人間の娘の身体性をイメージさせます。それはたぶん手がないという特徴のせいでした。ない、という欠落のために、娘の身体性はかえって際立《きわだ》ちます。初めからないのではなく、前にあったものが消失した。その失くした手の影がずっと浮かんでいるからです。

童話や昔話というものは残酷性を持っているものが非常に多いです。だけど登場人物の体を簡単にチョン切ったりするわりに、少しも痛そうではない。痛みの感覚がないのが、メルヘンの特徴でしょうか。アニメ映画でも観ているような感じです。

例えばグリムの残酷童話で、恐怖度ベストスリーに挙がりそうな作品に「杜松《ねず》の樹」があります。継母《ままはは》が邪魔な少年を殺して鍋で煮て父親に食べさせます。その死んだ子の骨が鳥になって、継母のおこないを歌い始めるのです。そして鳥になった少年は驚くべきことに継母の頭めがけて戸の上から、ドシーン！　と石臼《いしうす》を落とすんです。石臼をですよ、ドシーン！　小さな鳥がです。

そうやって継母が死んでしまうとたちまち話は急転直下、鳥になっていた少年はすぐ人間の体に戻って、親子は家の中に入り、もとの食卓につきましたとさ。お、わ、り。

グリムの残酷さにいちいち文句を付けてたら心が保《も》ちません。継子殺しにカニバリズムまで入って、ラストは少年が生き返って元通り！　なんて。呆気に取られますね。残酷と奇跡の大放出です。

ただグリム本人の信条では、彼が対象とする読者は自然のうちに生育した清浄無垢な子どもたちと、その家族であって、そのためのお伽噺《とぎばなし》であると記しています。そこで大事なものは自然なありのままの世界ということです。善悪共に隠すことはないというスタンスです。ここでいうありのままとは、首がコロリと落ちたり、腕がもげたり、舌がチョン切られたり、継子が鍋で煮られたりするものなのでしょうかね。

継子を煮る虐待例は日本でも江戸か明治初年かの瓦版に、継母が生《な》さぬ子を大鍋で煮て警察に捕まった事件が出ていたのを覚えています。国内でも起こったことですから、外国でも充分に可能性はあります。

ではグリム童話で、「手なし娘」の両手を切ったのは継母でしょうか。いいえ、意外なことにそれは実の父親がやっていたのです。

ここで岩波文庫『完訳グリム童話集1』（金田鬼一訳）の始めのところを読んでみましょう。テキストをどうぞ。

〈粉《こな》ひきの男が、だんだん貧乏になって、こなひきの水車《すいしゃ》と、それからそのうしろにはえているりんごの大木《たいぼく》一ぽんのほかには、もうなに一つないようになってしまいました。ある時、こなひきが薪《たきぎ》をとりに森へはいりこんでいるところへ、ついぞあったこともないじいさんがつかつかとやってきて、

「おまえ、骨をおって木なんぞ伐《き》るのはよしなよ。おまえがな、水車のうしろに立ってるものをわたしにくれるというなら、わたしはおまえを金もちにしてあげるがな」と言いました。

「そいつは、りんごの木にきまってるだろうな」と考えたので、こなひきは、

「よろしい」と言って、知らない男に証文《しょうもん》を書きました。すると、その男はあざわらって、「三年後に、わたしのものをとりにくるよ」と言ったなり、どこかへ行ってしまいました。〉

こなひきが家に帰ると妻が出てきて、お金が山のようにどこからか入ってきたと注進します。こなひきが変な男と約束したことを話すと、妻はぎょっとしてそれは悪魔に違いない。そして水車のうしろに立っていたのはりんごの木じゃなくて、さっき（箒《ほうき》で）掃《は》いていたうちの娘だと言います。とくに継母がいなくても、こんな情けない父親がいるだけで「手なし娘」の話は出来上がるのでした。

何だか気が抜けてしまう成り行きです。

美しく信心深い娘は三年目の期限になると体を清め、白墨で自分の周囲に線を引いて悪魔を入れないようにしました。怒った悪魔はこなひきに娘の手をちょんぎっちまえ、と命じます。わが子の手は切れない、とこなひきが言うと、それならおまえを攫《さら》っていくぞと言う。

〈「ねえ、おまえ、とうさんがおまえの両手を切らないと、とうさんを悪魔がつれてくのだよ。（中略）とうさんもほんとうにこまるんだから、すまないが、たすけておくれでないか、おまえにひどいことをするのを、かんにんしておくれね」と言いました。
「とうさん、あたくしのからだは、どうにでも、とうさんのいいようになすってね。あたくしは、とうさんの子ですもの」
娘はこう言って、両手をさしだして、ちょんぎらせました。〉

ええっ！　それはないでしょう。

私が驚くのは、父親の凶行を止める母親のセリフがなかったことです。実の母です。それが止めないなんて、現代にこんな童話を書いたら出版社から突き返されるでしょう。娘は間もなく丸太ん棒みたいになった両腕を自分の背中に縛り付けてもらうと、さすらいの旅に出ていきました。

丸太みたいな腕を背に括《くく》り付けた手なし娘の姿、何ともいえませんね。哀愁がありますね。
「手なし娘」の悲劇はこうして手を失う大した理由もないままに恐ろしい方向へ進んでいきました。私がグリム担当の編集者だったら口を尖《とが》らせて言うでしょう。

悪魔に脅《おど》されたとしても、どうして実の父親がわが娘の手を切ってしまうのか？　この酷い役柄が父でなくてはならない、それだけの重要な意味があるのか？　父親がただ意気地のない奴だったというだけでは設定が弱すぎます。

けれども「手なし娘」は民話を拾ったもので作者不詳ですから、グリムに言っても仕方ないと、そう言われればこれこそ仕方ないのでした。

世界の「手なし娘」を大雑把にまとめてみると、娘が手を失くす理由はいろいろに異なります。中には実の父や兄が娘に求婚して拒絶される話もある。ヨーロッパでは近親相姦《そうかん》のタブーにも近づきます。けれど日本ではそういう話はまったくなくて、悪役はすべて継母です。その辺りの単純さというか単一さを思うと、海外の童話のワイルドさに感心しますね。悪の世界の底の深さというか、地層の厚さというか。

ところで「手なし娘」の海外版と日本版に共通する場面があるんです。流浪の旅でおなかを空かせた手なし娘が、通りがかりの庭の木に生《な》った果物を食べるシーンです。手がないので食べられない。苦心して口を差し伸ばす場面です。手のない娘の悲哀がじいーんと伝わってくる泣かせどころでした。

多くの類話がその場面で庭の主《あるじ》の王や、王子を登場させ、娘を見初《みそ》めて求愛するのです。この庭園で求愛される成り行きは、多くの類話に共通します。日本の「てっきりあねさま」では、どこかの老舗大店《しにせおおだな》の若旦那になるところが可笑しいです。

そして妃《きさき》となった手なし娘はお城で暮らし、妊娠をする。夫が戦争に出ていった留守に、手なし娘は赤ん坊を生む。ここも殆ど変わりません。子どもを育てるのに手はなくてはならないものだから、ここに手なし娘の不幸は極まりました。しかも夫は戦地です。日本の場合は大店の若旦那が商用で京の都へ旅に出ます。

国を超えたこのすれ違いの悲劇も共通で、戦地にいる王子のもとへ彼の母親が、

「美しい赤ん坊が生まれた」

と手紙を書くと、悪魔が出てきて、

「醜い怪物《ばけもの》のような子が生まれた」

と書き換えたものにすり替えます。

「それでも自分が帰るまで娘を大切に世話してくれ」

と王子が返事を出すと、また悪魔が、

「母子もろともに殺してしまえ」

と書き換える。王子の母親は赤ん坊を不憫《ふびん》に思い、手なし娘の背中に赤ん坊を括《くく》り付けて、城から逃れさせました。娘と王子のこんな別離のストーリィも類話が多いのです。やがて王子は妃を探す長い旅に出て、さすらいの後に二人は再会を果たすことができました。娘の失くした手も神様が生やしてくれました。グリムのそこのくだりは、たったこれだけです。

〈おきさきの信心のおかげで、神さまのおめぐみによって、切りとられた手くびがもとの

ようにはえました。〉

めでたし、めでたし？　とんでもない。

私が編集者なら叫ぶでしょう。

「でも山場はどうなってんの！」

切った手がまた生えてくる場面はクライマックスでしょう。それなのに肝腎の場面はなく、いつの間にかズルズルハッピーエンドになっているのです。

言い遅れましたが娘が切られた手は、グリムでは手首から下を、他の話では肩の付け根から落とされたような感じです。メルヘン、民話・お伽噺ではこういう細かな部分は詳しく書かれないことが多いのです。私は手首から下よりも、腕一本をまるごと失う方が話に合うような気がします。変な言い方ですが。

美しいものは奪われる、これがメルヘンの原則です。若い女性の腕は体の部位で最もしとやかで、美しいところだと思うのです。少し肘《ひじ》を内に曲げ加減の白い腕こそ、女性のもつ美の極みかと思います。けれどすでに腕から離れた手はどうということもない。胸の乳房はあからさますぎるし、腹は意味がなく、足はもう一つ不足である。

川端康成の短編に「片腕」というナルシシズムの名作があります。私が「手なし娘」で連想するのはこの「片腕」です。ある夜、女が男との別れ際に自分の片腕を外して持ち帰らせます。男はその腕を抱いて家に帰り、寝台に横たえてさまざまな思いを巡らせます。世にこんな至福のひとときがあるかと思うばかりです。

女性の腕は肩の付け根から……。これは「手なし娘」の基本です。グリム兄弟に言ってやらねばなりません。

腕の話が脱線しました。

手を失う経緯はグリム童話より、イタリア版の「手なし娘」の方が鮮明です。つまり物語の意図がよく練られているわけです。それだけ作為がありますね。兄である王が実の妹を、死んだ妃の後妻にしようと思い立ちました。愛と官能の国イタリアの話は、大胆で一筋縄ではいきません。

「妹よ、道理をわきまえた男なら値打ちのあるものをよもや手離したりはしないのだ。また、赤の他人をこの邸に迎えたならお前だってどんな目にあわされるかわからん。このことを熟慮の末、わたしはお前を妃にすることに決めた。お前はわたしの好みにかなっているし、気心も知れている。だから、（中略）われわれふたりして共に幸せになれる処方箋にだな、同意しておくれ。」

〈バジーレ著『ペンタメローネ［五日物語］』杉山洋子・三宅忠明訳、大修館書店〉

この何とヌケヌケとした身勝手な男のセリフ。どうでしょうか。けれどもこの言葉が妙に男の心の切なさを覗かせているようです。厚かましくて一途《いちず》で切ない。妹に拒絶された王は〈肉のかたまりを猫にさらわれた〉ようにがっくりします。この表現には笑ってしまいますが。

娘はなおも妻になれと兄に責め寄られます。窮地に陥った娘は一人の奴隷を呼んで包丁を手渡すと、ついに自分の両腕を叩き切らせます。イタリア版はドラマチックで話が長くなるので粗筋を略しますが、ラストはやっぱりこれも魔法使いの登場で、娘の切り落とした腕も生えて幸せな結婚をする。めでたし、めでたしと言いたいけど作りすぎの感ありです。

やはり私が納得できるのは、日本民話の「てっきりあねさま」の一群でした。この話が日本に渡来したのはキリスト教禁令の前、イエズス会の宣教師たちが信仰の奇蹟譚として流布したという説が大方、定まっているようです。どう見ても西欧由来の舶来ルーツなんですね。世界に分布する「手なし娘」の類話も古くから宣教師のルートによるものらしいです。

日本版「手なし娘」の「てっきりあねさま」には、西欧版とははっきり異なる箇所があります。西欧版では娘の手を切るのは大半が父親か悪魔ですが、日本版では継母が切るか、継母が父親をそそのかして切らせるのです。なぜ継母なのでしょうか。

日本の昔話では継子いじめのテーマが多く、薄幸の子どもの哀しい物語は昔話の一分野ともなっています。つまり日本人は小児哀話の語りが、だんだん上手くなっていったのです。「てっきりあねさま」は、海外版の甲斐性なしの父親や、実の娘と結婚したがる王や、悪魔たちと決別し、日本情緒的な継子いじめ譚と合体したようです。これで「手なし娘」の哀話に西欧版にない説得力をつけることができたわけですね。


そろそろ私の短編「手なし娘協会」に移ります。

私は今までの「手なし娘」から切り離れて、現代の手なし娘を登場させることにしました。家庭があって、夫がいて幼い男の子もいます。ちょっと見ると、どこにでもいるような今風の若い妻です。むろん少しばかり美人ではありますが、とくに大した美貌である必要はありません。だって今どきの女性は自分の気に入った男性と結婚して、そこそこ暮らしていければそれで充分。美貌で引っ張られて行く先は、昔からろくな所ではありませんから。

ある朝、一軒の家の庭では若い夫が車を出して、遠出の用意をしていました。小説はこの場面から始まります。彼はこれから妻と子どもを乗せて三百キロ走り、宮崎の海辺のホテルへ出かけるのでした。夫は一歳になったばかりのひとり息子を抱き上げてこう言います。ではテキストをご覧ください。

〈「今夜はお母さんの晴れ舞台だからね、良い子にしてるんだよ。向こうに行くと貴《とうとし》と同じ齢くらいの子どもたちが沢山来ている。お友だちができるといいな」〉

家の中では若い妻が鏡に向かってペンシルで眉を描いています。雪のような白い顔。漆黒の宝石を沈めたような眸《ひとみ》。新月そっくりの眉を描く。彼女はつぶやきます。

〈「あたしは手なし娘……。いいえ、今は両手とも揃っているんだけど。でも、かつてはなかったの。

二百年もそれ以上も昔から、世にも美しくそして世にもけがれなき魂を持った娘たちが、代々ずうっと受け継いできた不幸の、最後に選ばれた日本の手なし娘の一人が、このあたしというわけ。（中略）

これからあたしの一家は福岡の自宅を出て宮崎の海岸に出かける。そこは長い弓なりの弧を描いた白い砂州と、広い松林に囲まれた高層ホテルがある。今夜は五年に一回のあたしたちの会合が開かれる。だから全国の手なし娘が、飛行機や新幹線、車などで家族を連

れてやって来るのよ。」〉

「手なし娘協会」の交流会は五年に一度おこなわれて、前回の開催地はアメリカでした。アリゾナ州フェニックスのホテルでおこなわれました。しかし彼女はそこへは行きませんでした。彼女はそのときまだ大分の椎茸農家の少女で、この世の不幸というものを知らなかった。むろん両手もちゃんとありました。

ちなみに、これから夫の車で出かける彼女の肩先にも、しなやかに伸びた二本の腕がついています。これは彼女が手なし娘の運命から脱出した証拠です。悲運を乗り越えたいわば褒美のトロフィーみたいなものです。

夕方、太陽が海にオレンジ色の火の足を沈める頃。

会場のホテルはあらゆる国と宗教、文化・風習を超えて、ドイツ、フランス、イギリス、アメリカ……と、女性の幸福な結婚と人としての尊厳を継承しようと誓った手なし娘たちが、その家族と一緒に集まってきました。「手なし娘協会」の本部は、グリム童話を記念してドイツにあります。日本の手なし娘たちはまだ行ったことはなく、前回の盛況ぶりを話に聞きました。

ブロンド、ブルネット、黒い髪の女性もいます。今年の開催国である日本の参加者は名簿では三十三人です。グリム兄弟がこの奇妙な話を採取した二百年前から、手なし娘は世界中に増殖しました。日本の彼女もその一人で、今年の当番国の代表となり体験発表をします。

ホテルの二十三階の部屋の前で、彼女は中国の手なし娘から「会えて嬉しいわ、姐姐《ジェジェ》」と声をかけられます。韓国の手なし娘も現れて、「日本のお姉さんね。見た瞬間にわかったわ。これからあなたのこと、オンニ、と呼ばせてちょうだい」。

こうして娘たちは初対面から日中韓の交流ができてしまう案配です。

いよいよ交流会が始まりました。セイウチのような巨体のドイツ人理事長が挨拶します。

〈「人間は幸福によって結びつくことは至難です。今夜もわたしたちが歩んできた恐るべき人間苦の体験を語り合い、それを乗り越えた貴い魂を讃えましょう」〉

最初の登壇者はハンマー投げならずいぶん飛びそうな精悍《せいかん》なドイツの手なし娘です。継母に雇われた猟師に森で殺されそうになりながらも、猪の肝と娘の両腕を継母に渡すという猟師の機転によって命拾いします。旅に出た彼女は苦難の末に車で通りがかった若者に助けられ、フランクフルトにある大きな家に連れていかれました。娘は彼と結婚して妊娠し、夫の海外出張中に子どもを生みます。

みんなうなずいています。みんなどこか似た境遇です。

〈「わたしは健やかな可愛い男の赤ん坊を生んだの。さっそく夫の母がこんな手紙を彼に書き送ったわ」

とハンナ・ケーゲルはささやくように言う。

――喜んでください。玉のような男の赤ん坊が生まれました。母子ともに元気です。大切に面倒をみています。

ところがその手紙を悪魔が横から引き抜いて、

――大変です。魔物のような子が生まれました！　ああ、どうしましょう。

と書き替えた。

あたしたちはクスクス忍び笑いをした。

ドイツでは現代にもまだ悪魔というものの存在が信じられているのだろうか。（中略）

手紙を受け取った彼女の夫は大層に驚いたが、しかし心を込めて返事を出した。

――たとえ魔物のようであっても自分の子です。旅から帰ってくるまで母子ともに大事にしてやってください」〉

また悪魔がそれを書き替えます。「魔物は家の災いとなります。母子ともども放り出してください！」

みんな、自分の体験と重ね合わせてうなずきます。ハンナ・ケーゲルの姑は泣きながら手なし娘に赤ん坊を背負わせ、やがて息子が帰ってくる、ここにいては危ない、と外へ逃がしました。

「何だか君の話を聞くようだね」

あたしの夫がつぶやきます。体験は時代を経て洗練されます。最も自然な方向へと形を整えていくのです。山に降った水がまとまって谷川をくだるように。

森をさすらい野をさまよったハンナは喉が渇き、とある池の畔《ほとり》に屈《かが》みました。手がないのでグッと首を突き出して池に口をつけ、水を飲もうとしたとき、スルッと背中の赤ん坊が地面に滑り落ちました。

ここがクライマックスです。

〈「その一瞬のことよ！　わたしの失った両手が元に戻って、赤ん坊の体をしっかり抱き取っていたの」

　あたしたちはうなずき合った。

　これは奇跡か、それとも信仰か。それとも神なき現代の人体の不思議というべきか、特殊な物理現象というべきか。（中略）その信じられない事実はこの席にいるすべての手なし娘たちの身にも起ったことだけど、あたしは未だにそのことのわけだけは知ることができない。」〉

　こうして両手が戻った彼女は、探していた夫の車に見つけられて家へ帰ることができました。めでたし、めでたし。鳴り響く拍手の中でハンナが壇から降りると、次はさっき二十三階の部屋の前で会った、中国代表の手なし娘で崔淑青《さいしゅくせい》でした。

　彼女の父も心根の悪い後妻と再婚しました。不幸の家の姿がどれも似ているのは、手なし娘の世界の冷厳な法則です。あるとき、淑青が後妻とロバの干し草切りをしているとき、草を並べていた彼女の腕に草切り機の刃がザックリと落ちました。後妻のしわざです。二本の手が土間に転がりました。

手を失った淑青は、やがて一人の学生と知り合って、彼の屋敷で使用人として働きます。床は肘に巾《きれ》を当てて磨き上げ、庭は足に箒《ほうき》を結わえて丁寧に掃きました。学生は淑青を愛し、親も彼女の心根に打たれて嫁に迎えます。

学生が北京の大学に行った後、赤ん坊が生まれて淑青はそれを知らせる手紙を出します。ところがやがて返ってきたのは何と離縁状だったのです。

「中国にも悪魔がいるんだ」

あたしの夫がつぶやきます。家を追われた淑青は遼河の畔をさまようち、赤ん坊を背負ったまま身を投げました。気がつくと彼女は岸辺に赤ん坊と並んで寝かされていて、そばに鯰《なまず》のお婆さんが立っていたのでした。

見れば淑青の両手もちゃんと戻っていました。

「鯰？」

また夫が言いました。

彼女の国の神様なのよ。拍手を浴びて中国代表が壇を降りると、司会の声がひときわ高く響きました。

「ラストの発表は今回の主催国、日本支部代表の青戸《あおと》麗《うるわし》さんです」

日本の手なし娘は前へ進み出て壇上の人となりました。彼女は椎茸農家の出身で、手なし娘はどこの国でもみんな働き者です。

椎茸はホダ木という丸太を切ったものに穴を開けて椎茸菌を打ち込みます。そのホダ木を運びに後妻の女と麗は山へ行きました。父親は農協の協同乾燥場に摘んだ椎茸を干しに行き、今夜は徹夜仕事です。

椎茸のホダ木を並べる場所は陽が射しても、蔭になってもダメなのです。薄暗いような薄明るいような林の中。風も流れない。湿っぽくてじめじめした場所です。継母はぶつぶつ文句を言うばかりで、麗は一人で丸太の山を車から降ろします。「麗やい、さっさとやれ！」丸太の山はゆさゆさと揺れています。

キキキーッ、と丸太の軋む音がしたかとみると、ガラガラッとホダ木が雪崩《なだ》れ落ちて麗は下敷きになりました。「仕方ない子だ！」継母が舌打ちして麗の手をグイグイ引っ張ります。恐ろしい力です。ああ。やめて！

〈あたしの両方の肩がカッと火を噴いた。あたしの眼の前を赤いものがパーッとよぎった。千切れた腕が飛んだのだ。（中略）肩の付け根が燃えるようだった。

場内はしんとしてみんな凍り付いていた。（中略）

肩から血を噴くわたしの姿を見て、継母は震え上がり、こっちへ来るんじゃない、どこ

かへ行ってしまえ、と叫びました。家に帰ってくるな。帰ってきたら殺してやる。〉

麗の眼に乾燥場で働く父親の姿が浮かびます。でもひどく遠い感じでした。家と反対の方向に歩き始めると、血がどくどくと噴き出ました。麗は思わずこう唱えました。

〈体は動くとも、血は巡るな。
体は動くとも、血は巡るな。〉

するともぎ取られた傷口の血が止まりました。そして気を失って倒れてしまいます。やがて目を開けると麗は白いベッドに寝かされていました。誰かに運び込まれたようです。知らない小さな病院でした。お金が払えないし、父の名前を明かすと恐ろしい後妻が飛んでくるようで、彼女はふらふらと病院を出ていきました。

山伝いに人けを避けて逃れながら、おなかが空くと村の畑の野菜を犬のように食べました。一軒のお寺の塀の上に大きな桃の木が見えました。重たそうな大きな実をぶら下げています。麗は門を入って木の下に行くと顔を上げました。桃の実ははるか高い枝に光っているのでした。それは背伸びしても飛んでも、どうにもならない絶望的な高さで陽を浴びています。麗は涙とともに、桃の木にこう言いました。

〈花は咲くとも、実はなるな。
花は咲くとも、実はなるな。〉

二つめの呪いの言葉を発して麗は門を出ます。そのとき見ていた寺の息子が彼女を呼び止めました。わけを聞くと、息子は桃の実を取って食べさせました。これが今、場内で麗の発表を聞いている夫です。彼女はその寺で働き、息子が大学を卒業すると結婚して妊娠します。

麗の手はどうやって生えたのか？

若い夫は東京で就職することをやめて、身重の麗と生まれてくる子どものため、福岡の静かな町に仕事口を探しに出かけます。ところが赤ん坊が生まれても夫は帰ってこない。父親の和尚は怒ります。麗は彼の心変わりを案じて夫の手紙の住所を当てに、寺の小坊主に赤ん坊を背負わせてもらうと探しに出て行きます。

このとき二人の仲を裂く悪魔の役をしたのは、寺の小間使いの老婆でした。「手のない奥さまは待ちくたびれて、坊やを連れて家出されました。どこか親戚を頼って行かれたようです」。それを信じた若い夫も妻を探しに出てしまいました。

手なし娘は人の目を避けて山伝いに歩きました。木に生った桃の実は取れないが、池の水は飲めます。ドイツの手なし娘と同じように麗も水に引き寄せられます。やはりかがみ込んで口を水面につけたとき、スルッと背中の子が飛び出しました。

坊や！　手を伸ばそうとした。

〈その刹那、ニョキ、ニョキッと手が出た。ないはずのあたしの手が夢のように出たのだった。故郷の椎茸林のホダ木から生白い椎茸が生え出るように、あたしの肩先から手が出た。（中略）右の手と左の手が瞬間、空中で合わさって、その手の中に子どもの体がスポリと入った。

珍しい宝ものみたいに。〉

麗は宙に奇跡の両手をかかげていました。いったいこれから自分たちの仲間は、どのくらい増えていくのでしょうか。神とか仏とかそんな超自然な力がこの後もずっと在り続けるものかしら。

あるいは自分たちが最後の手なし娘ではないか、と淋しさに襲われもするのです。

話が終わりに近づいた頃、誰かが手を上げました。

「ちょっと気になることがあります」。金髪の女性で流暢な日本語を話します。

〈「呪いをかけたあの桃の木はその後、実をつけたのでしょうか？」

まさかね、というふうに彼女は笑いながらあたしの顔を見た。あたしは静かにうなずいた。

「桃の木はもう二度と実をつけませんでした」

とあたしは答えた。（中略）

「実をつけなかった？」

「ええ、呪いは効いたようでした」

それから、と言いかけて、あたしはこのことを話すのをやめた。じつはその後で、あたしの腕を切った継母は重い頭の病気で倒れたのだ。脳の血流が止まる病気だったの。あたしは人づてにその話を聞いて、いい気味なような、でもそんなふうに思う自分が恐ろしい、何とも後味の良くない気持ちになったのだった。

質問者の女性があらためて聞いた。

「これまで手なし娘の話で、娘自身がこのように恐ろしい呪いをかける例は、他にあまり聞きませんね。日本だけの例ではないでしょうか」

「それがどうかしましたか？」

「いえ、ただこの協会が唱える友愛と寛容の理念から逸《そ》れはしないかと案じるのです」〉

ええ、確かに。日本に分布する手なし娘の話がリアリティに富んでいるのは、それと関係があるような気がします。思いの深さ、愛と哀しみと憎しみと恨みの深さは日本の民話が、海外のメルヘンや民話にない情念を含んでいるからでしょう。

それに海外の手なし娘に関わるのは神と悪魔ですが、日本では仏教に取って代わります。神の御業《みわざ》か、仏の霊験《れいげん》になるのです。

麗は突っ立ってしまいました。

〈「そうかもしれません。しかし日本には因果応報という言葉があります。どこかの国にも、眼には眼を、という言葉だってあるように聞いております……」

とあたしは応じた。世の中は朝と昼ばかりでできてるわけじゃない。夜もなければならない。

しばし会場は騒然となった。〉

そのとき落ち着いた声で分けて入ったのは、ドイツのあのセイウチみたいな堂々たる理事長でした。

〈「こういう問題はわが協会の信奉するグリム兄弟の、神は自然の中にありという思想を以て範としたいと思います。神は自然の中にあり、自然の中には善も悪も美しいものも醜いものも、心地良いものも心地良くないものもあります。人の心の中にもその自然は存在し、心は神とともにそのような複雑なものと同居していると言えるでしょう」

それはこの国のブッディズムでも言われてるわね、とあたしはつぶやいた。〉

「賛同して戴けますか」と理事長が問うと、イエスとみんなの手が上がりました。

「貴重なお話をありがとう」

と金髪のアメリカの手なし娘が答えました。日本の手なし娘の麗も、

「こちらこそ貴重なご意見をありがとう」

と返します。そして潮のような閉会の拍手が起きました。いうまでもなくこれは全員の手なし娘と、全員の心優しい夫と、可愛い子どもたちへの賛嘆です。

翌《あく》る朝、ホテルの裏の海岸は輝く波にきらきら飾られていました。浜辺はハープのように長い弧を描いて向こうの松林まで連なっています。子どもを背中に負ぶった手なし娘たちが、ぞろぞろとホテルから出てきます。ずらっと渚に沿って並びました。会合の恒例のイベントが最後の日の朝におこなわれます。

「さあ、みなさん、いいですか！」

昨夜の理事長が今日はスポーツシャツ姿で叫びました。

「ワン！」で、手なし娘たちがグイッと両手を交差させ自分の手を引き抜きました。手は長い鞘《さや》のように抜けました。みんなはかつての姿に戻ったのです。ああ、肩がすうすうする。腕のない体はとても軽く、何だか今まで手のあることが人間の罪業《ざいごう》のようにさえ感じました。

「ツー！」で子どもを負ぶったまま頭を下げて身を屈める。とたんにスルッと子どもが背中から滑り出た。

「スリー！」

声とともに手なし娘の肩先から一斉に、数十本の白い手が飛び出ました。まるでスローモーションのように、手の林が生まれます。その一杯の手が手が手が手が、一瞬、宙に浮かんだ子どもの体をスポンと掬《すく》い取りました。

この奇跡よ、永遠に。

愛と慈しみの証し、あたしたちは信じるわ、いつまでも。わっと歓声が上がって、娘たちは子どもをまた高く放り上げ、くるくる落ちてくるその体を受けとめます。辺りはもう白い珊瑚の林みたいです。知ってますか？　白珊瑚は赤珊瑚より稀少なのを。

〈手の林の間からキラキラキラキラキラ光が射していたわ〉

「手なし娘協会」『暗黒グリム童話集』（二〇一七年、講談社）
収録作品は、村田喜代子＋酒井駒子「手なし娘協会」／長野まゆみ＋田中健太郎「あめふらし」／松浦寿輝＋及川賢治（100％オレンジ）「BB／PP」／多和田葉子＋牧野千穂「ヘンゼルとグレーテル」／千早茜＋宇野亞喜良「ラプンツェル」／穂村弘＋ささめやゆき「赤ずきん」。
歴史の謎研究会編『世界の童話・謎と暗号』（一九九九年、青春出版社）

「坂の夢」「ファルマン」——飛ぶ話

「夜中に飛ぶんですか？」

「いいえ、日曜の昼間です。町内会の回覧板を回すくらいの範囲かしら」

地方の小さな住宅団地の昼。

二階の窓辺に立つと耳が詰まるような無音です。この異様な静けさの状態が三年あまりも続いていています。窓の下は陽に照った白い坂道が登っていて、人影はない。空には薄い雲、晩秋のいい天気です。

坂道を眺めていると、ふと一人の男の姿を思い描くことがあります。昔の着流しスタイルの親爺さんという感じ。自由磊落《らいらく》を絵に描いたようなかつての文士・内田百閒《ひゃっけん》その人です。彼が登って行く坂は、私の知らない東京の町のどの辺りかにあるようです。

「坂の夢」という彼の短い小説があります。四百字詰原稿用紙一枚もない掌編です。そこに出てくる坂道を百閒は登って行きます。彼は何をしに坂を登って行くのか。じつはこれからとんでもないことを始めるのです。坂を登り詰めた百閒は今度は下へ向かって滑空するのです。

「坂の夢」の文章はいきなりそこから始まります。

〈小石川の大学病院分院の前から音羽通《おとわどおり》に降りる広い坂を、少し勢いをつけて走ってから、そっと足を上げると、地面とすれすれに宙に浮いた儘《まま》、すうと空中をすべる事が出来る。身体の曲げ加減でいくらか舵《かじ》を取る事も出来る。〉

まさか空中浮遊をしているのでしょうか？

〈身体にあたる風をそらして、飛行機のサイドスリップの様な飛び方をすると、何とも云われぬいい気持がする。〉

やっぱり飛んでいるのですね。

〈そうして下まで降りたら又地面を馳け上がって、同じ様に宙を飛ぶ稽古をする。空中に浮いた儘、下から坂上に昇る事は六《む》ずかしい。（中略）眠ってから何度でもこの練習をするので、十年ぐらい前から見ると、この頃は大分上手になった様である。〉

これで終わり。そうです、百閒は夢で飛んでいるのでした。何しろ十年ほども前から飛び続けているので、最近はよほど上手くなったという。ぬけぬけと自慢しています。百閒の会心の笑みが見えてきます。奇妙な話だけど、わたしはこの作品の作り方にひどく感心しました。一分の隙もない流れです。

当時の東大医学部附属病院分院の前から、音羽通に向かう坂を助走して、足を上げると空中浮遊をやってしまう。と一気に書き終えます。読者に想像する暇《いとま》を与えません。そしてその勢いのまま、作者は舵の取り方やちょっとした飛行テクニックを加えると大変気持が良いという。あれよ、あれよあれよという間に彼の話に乗せられてしまいます。

昔その辺りに住んでいたので地形は習知の上だという。どうやら昔住んでいた場所のようです。なぜそんな所にいるのか、どうもおかしな文章です。そして最後の一行、――夜毎に眠ってから何度も練習をしているので、十年ぐらい前から見ると、この頃は大分上手になった様だ、で締め括る。ここへきて読む者は見事に引っくり返されて夢の話だと気が付きます。

人間の心の中に潜む空中浮遊の願望を、巧みな感覚で誘い込み騙《だま》してくれる。読む人間と書く人間の双方が持つ願望だからこそ、この短さで済むのだと思います。

いったい人間が抱くこの空中浮遊願望はどんなものでしょうか。

「坂の夢」を考えるとき、わたしには忘れられない出来事がありました。以前、地元の朝日カルチャーセンターで文章教室を持っていた頃のこと。生徒さん同士の作品ばかり読んでいても文章は良くなりません。それで既成作家の味わいのある魅力の文章をいろいろプリントして渡

していたとき、この切れ味の良い百閒の文章を見せて、

「じつに鮮やかな手際《てぎわ》の小説です。参ります」

とわたしがほめると、一人の初老の女性がサッと手を上げて言いました。

「『坂の夢』は小説ではないと思います」

わたしはハッとしました。これは虚構であると最初から思い込んでいました。けれどこの短さは随筆として書かれたとも取れるのです。生徒さんの一人が素早く自分の iPad で検索して、「坂の夢」が随筆集の中にあることを調べました。わたしはこの話が事実であることに少し気落ちしました。ただし余人の付け入る隙のない文章構成は、さすがに揺るぎません。

「Oさん、どうして随筆だとわかったのですか」

わたしが聞くと、政府系銀行を長く勤め上げて、退職祝いの花束を抱えたまま教室に入ってきた前歴を持つOさんは、スラスラと淀《よど》みなく答えました。

「はい。その飛ぶ夢は内田百閒氏自身の現実の体験だと思うからです。つまりそれは夢でも何でもなくて事実だと思います。彼は音羽の坂で飛んでいるんです」

「どうしてそう思うのですか？」

「わたしも飛ぶからです」

とたんに教室中がガヤガヤと騒がしくなりました。

「Oさんが飛ぶんですか？」

「ええ、飛びます」

と退職祝いの花束を抱いて微笑みながら入ってきたのと同じ表情で、彼女はうなずきました。

「百閒氏も、わたしも飛びます」

と言いました。それからOさんは生徒さんたちの顔をグルリと眼で一巡すると、

「皆さんの中にも飛ぶ人がいらっしゃるでしょう！」

と確信ありげに言ったけど、誰の手も上がりませんでした。しーんとしていました。

「あなたも百閒みたいに飛ぶんですか」

「ええ。百閒氏は坂道の地面すれすれに飛ぶみたいだけど、わたしはもう少し高く飛べます。銀行に入社して間もなくから飛び始めたもので、三十年以上なんで……」

「どのくらいの高さですか」

「物干し竿の辺りくらいかな」

ほお……、室内に溜息が洩れます。

「飛行高度を上げるときはですね……」

彼女は机の横に出て皆が見える所に立つと、両足を揃えてコクコクと踵をバネのように上下させました。

「こうやるとぐんぐん上昇します」

「夜中に飛ぶんですか」

「いいえ。日曜の昼間です。夫はゴルフ、息子は塾か友だちの家です。わたしが一人のときです」

Oさんは滑らかに答えました。

「昼間にどのくらいの範囲を飛びますか」

「町内の回覧板を回すくらいの範囲です」

「明るい昼間なのに、人に見られないですか」

と、わたしは彼女の顔を見つめて尋ねました。

「わたしが飛ぶとき、道にも家の塀沿いにもどこにも人の姿はないんです。日曜の昼の住宅団地ってひっそりしてそんなものです」

Oさんの話が終わると、教室はたちまち皆の騒ぎ声で興奮の坩堝《るつぼ》となりました。わたしはOさんに今夜お宅に電話をするのでその珍しい話の続きを聞かせてほしいと頼んで、ひとまず騒ぎを収めました。

後日、Oさんの夫と話す機会があり、彼女が見たのは明晰夢《めいせきむ》の一つでしょうと言われました。じつは彼も学生時代に九州大学の工学部の寮で、たびたび成層圏を脱する夢を見たというのです。

「あるとき成層圏を飛んでいると、巨大な星が氷の屑を撒き散らしながら飛んできました。ガラガラガラッと氷が砕ける大音響がして、これは変だと気が付きました。空気のない所に音は立たないはず。そう思うと眼が覚めました」

厄介なのは明晰夢の一つで、夢の入り口と出口に本人がまったく気付かないことがあって、現実と夢との区別ができないそうです。あるとき、飛行中に何かにぶつかった衝撃で気が付いたら、大学の寮で昼寝中、友達に足で顔を蹴飛ばされていた。それで彼は長年の夢から解放されたと言います。妻のOさんの方はまだ自分の夢に気が付いていない。

「やがていつかは事実がわかるでしょうが、それまではそっとしておきます」

過激な夢を見たわりにOさんの夫は優しい人でした。

百閒の見た飛ぶ夢はどうなんでしょうか。随筆集に収めてあるのだから実体験のようです。この頃はだいぶ上達した、という文章には夢を楽しんでいる余裕が感じられます。

百閒よりさらに明確に一生のテーマとして、「飛翔」に憧れを抱いたのは稲垣足穂《たるほ》でした。彼は百閒より十一年遅く、一九〇〇年に歯科医の子として生まれ神戸で育ちました。この足穂と同じ年生まれが、フランスの作家のサン＝テグジュペリです。彼はヨーロッパから南方経由の航空路開発にも貢献したプロのパイロットです。

足穂とサン＝テグジュペリが生まれた三年後の一九〇三年に、ライト兄弟の弟オービルが十二馬力のエンジンを搭載した有人動力飛行に成功しました。時は二十世紀、地上には蒸気機関車や自動車、海や川には蒸気船が動いていましたが、空の開発は未だ人間を拒み続けていたのです。

オービルの滞空記録は十二秒間で、約三十七メートル飛翔しました。空気より重い機体が十二秒間も舞い上がったのだから、跳躍《ちょうやく》と混同することはできませんよね。

空中への飛翔願望はレオナルド・ダ・ヴィンチの昔から、人を惹きつけてきました。長い時を経てそのさざ波がたどりつく渚の辺りに内田百閒の「坂の夢」があるのかもしれません。

稲垣足穂の作品に「ファルマン」という随筆があります。人間の飛翔への憧れを描いた文章として、わたしはこれに勝るものは他にないと思っています。手の届かない広大な空間を人間は昔からただ仰ぎ見続けてきました。

同じ年生まれのサン＝テグジュペリはパイロットですから視線が逆です。彼は飛行機の操縦席から地上を見下ろします。そうやって『人間の土地』という、地上を特別の視座から視た者でないと書けない名随筆を生みました。足穂は反対です。普通の人間はみな空を見るけれど、足穂は特別の熱情をもって見上げた。つまり空への特別の視線を「ファルマン」で究めたのではないかと思います。

ではまず最初に足穂と逆のサン＝テグジュペリが飛行機によって獲得した、空の高みからの鳥の眼、俯瞰の視界をここにあげてみます。

〈飛行機は機械には相違ないが、しかしまた何と微妙な分析の道具であろう。この道具が僕らに大地の真の相貌を発見させてくれる。そういえば道路というものが、幾世紀もの間、僕らを欺いてきたのだ。〉（『人間の土地』）

大地の真の姿は空の高みからしか望むことができない。ではそんな鳥か神のごとき飛行機を、地上から遥かに見上げる足穂の視線はどんなものか。わたしの好きな「ファルマン」の冒頭の文章ではこう描写されます。

〈むこうに藍色をした国境の山々がつらなっています。それら山並の頂き近いところの白い斑点は消残りの雪です。山脈からこちらへかけてゆるく起伏した野がひろがり、この平野の中程までは、遥かな山なみと共にあかあかと日光に照らされていますが、手前の方は一帯にかげろっています。（中略）雲の影が落ちている所とその向うの明るい日射しをう

けた所とのさかい目に、マニラ葉巻のような形をしたツェッペリン飛行船が浮んでいます。〉

足穂はこの遠い異国の風景を活動写真のスクリーンで観ているのでした。当時の映像はぼんやりして色も白黒で不鮮明だったはず。しかしそのぼやけ加減も、実写のなまなましさのように観客には感じられたことでしょう。

〈先刻まで眼前にあったおもちゃめく機械が一箇の人間を載せて、もうあんな行けない所まで昇っている。それは何故か？（中略）その飛行機が刻々、下方の森や丘や川や村里とは別に関係なしに位置を変えて、大きな円をえがいて戻ってきて、元の場所に停止したなら、その間にはいったい何事が行われたというのであろう？　ここに在ったものが遠方に在り、向うに在ったものがいまここに在る。しかもその双方に在ったのがこの一箇の機械であるとはどうしても考えにくい。にもかかわらず、大空が、クローバーの花が、村里の牛が何事もなかったように知らんかおをしているのはなぜであるか？〉

その頃、飛行機という名称はまだ定着しておらず、人々は空中飛行器と呼んでいたとか。そして足穂はまだ少年で、スクリーンで観たファルマンやブレリオなど空中飛行器の模型を友達と競って作りました。少年達は飛べば必ずと言っていいほど墜落するその危険な箱の模型を作り、無惨に地に激突させて遊びます。飛ぶことと落ちることは同義でした。落ちるからこそ飛ぶことは偉大となり、墜落のない飛行は意味を成しません。足穂の飛行器愛はそこから出発したものでした。

彼は強い近視だったのでついに飛行機の操縦免許を取ることができなかった。頭のツルツルに禿《は》げ上がった蛸入道《たこにゅうどう》みたいな晩年の足穂が、度の強い黒縁メガネに着流し姿で飛行機の操縦席によじ登ろうとする写真があります。空中飛行器は彼の思索の源泉となり、永遠のオブジェとしてあり続けたのでした。

一方、同じ年生まれのサン＝テグジュペリはサハラ砂漠での不時着など数度の事故でも奇跡的に助かりますが、一九四四年、とうとう愛機とともに帰らぬ人となりました。四十四歳の若さです。足穂はそれから三十三年を生きて、七十六歳の生涯を終えました。

足穂の飛行機を書いた名作「ライト兄弟に始まる」の冒頭には、次のような小文が添えられています。

〈フランス語の韻のひびきや回想の勁《つよ》い翼に守られて、なつかしの空中飛行器が再び飛び始めるに際して、曽《かつ》てこのような機械に感動して、あえて早春の鳥のように相継いであわただしく世を去った犠牲者、わけても飛行器にも乗り得なかったような感動者、出資者、助手、憧れをいだく少年達をこそ偲《しの》びます。彼等の美しさは不滅です。すべて感動する事こそ運の尽きだからです。〉

足穂の感動の根本はひとえに哲学的な思念であったと思えます。空に描かれた飛行機の見えない航跡が、それまでの風景を劇的に変えてしまったという。それは二十世紀初頭に水素ガスを詰めたツェッペリンの硬式飛行船が浮かんで、ドイツの空を変えたのと同じでした。飛行船が浮かんだ空は、もう浮かぶ前の空には戻れない。時間と風景は巻き戻せないのです。

だからこそ足穂は時代の歩みにつれて、戦争兵器へ成長する以前の飛行器に執心したのだと思います。永遠に木製のプロペラーを付けたこのオブジェこそ、フランスのクローバーの野の上に広がる紫色の空にふさわしい。「ファルマン」の最後のくだりは少年達が組み立てたファルマン賛歌で終わります。

〈遠くに雲片がある春の一日私の世界は飛行機臭いのでした。どこもかしこもファルマンであり、アントァネットであり、ブレゲであり、サントスデュモンなのでした。

ファルマン！　ファルマン！

ファルマンの星型廻転式エンジン！

ファルマンの絹張のつばさ！

ファルマンのピアノ線！

ファルマンの空気入りタイア！

ファルマンの胡桃製のプロペラー！

フランスの蝶！　ファルマン！〉

足穂の高揚感が突出していますね。

では内田百閒の「坂の夢」にもどりましょう。

こちらは空飛ぶ器《うつわ》もいりません。木枠に絹を張った翼の模型もいらない。「坂の夢」で飛ぶには、ただ眠るだけでいいんです。カルチャー教室の生徒のOさんは、自分の白昼夢を信じないので、百閒は実際に飛んだはずだと言い張ります。足の踵を揃えてコクコクと上下させれば簡単に体が浮き上がるんだと……。だから百閒はやがてどんどん高く飛べるようになっているんだと、太鼓判を捺《お》しています。

次のカルチャー教室の時間がきました。すると飛ぶ夢を見たことがあるという生徒さんがまた二人名乗りを挙げました。どちらも元小学校の女性教員でした。学級運営がうまくいかないとき、夢の中で飛んだそうです。精神的に苦しいとき、夢で飛ぶのだと言います。ただ二人が見るのは、夜、普通に布団に入って寝て、ヒューヒューと飛ぶ夢でした。

その次の週の教室では、三人目の体験者のKさんが手を上げました。彼女はあるミッションスクールの英語の教員です。信じて貰えないだろうと先週は黙っていたそうです。七十代前半の普段は控えめな人でした。

「何年か前の春、姪の結婚式に夫婦でよばれて出かけました。式はうまく運びわたしどもは満足して帰路に就いたのですが、帰りはくたびれて駅の近くの喫茶店で少し休んで帰ることにしたんです」

春の夕方の陽はまだ高く架かっていました。そこは博多駅前で右と左にビルがあります。その一方のビルに入ってエスカレーターで三階の喫茶室へ行くと、祝日で客は満員です。荷物を下ろして長椅子で順番を待つ間、Kさんがふと広い窓越しに反対側のビルを見ると、その真向かいの階にも喫茶室がありました。

「そこの店はガランとして客がいないんです。あそこでゆっくり休んだら気持いいだろうなと思いました」

「それで」

「そう思ったとき、ふと眼の前にいきなりエスカレーターの階段が迫ってきたんです。ウワッと声が出ました。何が何だかわからない。下りのエスカレーターが動いてるのが見えました。自分の体がその上を飛んでます。夢みたいに。でも飛ぶはずがなく、エスカレーターの最後の段の辺りに、ドスン！　と落ちて床に転がったんです」

支配人らしい人物やKさんの夫が、エスカレーターを駆け降りてきました。二人はKさんが前で、両手をこう左右に広げてパッと飛んだんだそうです。何の迷いもなく宙に身を躍らせたんだそうでした。そのあとKさんが掛けていた眼鏡は、二階の広いフロアに無惨にも割れて落ちていました。

Kさんが大した怪我もせずちょっとした打ち身くらいですんだことに、集まった人々は驚いたそうです。それくらいぱあっとKさんは柔らかに宙を飛んだのでした。彼女は一瞬の夢を見たのでしょうか。でも人間は起きているままで夢を見ることができるのでしょうか。それから数カ月も経ったのに彼女はまだ、自分の異常な行為を説明することができません。

「とにかく窓の向こうに見える、あの静かな喫茶室に行きたかったんです。そこで腰を下ろしたかった……」

百閒や足穂とは少し異なる飛ぶ夢でした。

以後、わたしは人と会うと、たまに百閒の夢の話をします。すると思いがけずいろんな人たちが様々なかたちで飛ぶ夢を見ていることがわかりました。現代のこの世界に棲息する鳥たちの祖先は恐竜だったという話も聞きます。二本足で歩く彼らの短い両手はやがて翼になったといいます。でもそれまでには太古からの長い時間が必要だった。

人間の心の深層部には鳥類に寄せる飛翔願望のカケラみたいなものが残っているのでしょうか。

最近また一人、わたしは夢で飛ぶ人に会いました。地元の国立大学の人文学科のS教授です。痩せていかにも生真面目そうな方です。彼は夢の中ではいつも自分の身体が、玩具みたいに小さな飛行機になっていると言います。

「しかも頭と顔はこのままで」

「首から下だけ飛行機なんですか？」

「そう、そう。だいたい町の電柱の下半分くらいの高さかな」

それより高くは飛べない。背中のシートに人を乗せていて重いからだとか……。彼は少し辛そうに言いました。職場の人間関係がうまくいかないときほど、彼は人間飛行器になる夢を見るそうです。いったいわたしたちにとって「飛ぶ」とは何でしょう。

厳しい郵便飛行で砂漠に不時着したときのサン＝テグジュペリに、人も鳥も生きものの姿も絶え果てた地上で相対して、わたしはじっくり聞いてみたかったです。あなたにとって飛行とは何でしたか？

「坂の夢」（内田百閒『内田百閒集成11　タンタルス』二〇〇三年、ちくま文庫）
『人間の土地』サン＝テグジュペリ著／堀口大學訳（一九五五年、新潮文庫）
「ファルマン」（稲垣足穂『稲垣足穂コレクション3　ヰタ・マキニカリス　下』二〇〇五年、ちくま文庫）

「大きな翼を持った老人」——空から落ちてきた話

降り続く雨の中、空から一人の老人が落ちてきた。生き死にのことでは物知りの女が現れて「これは天使だよ」と断言したから大騒動。

前回は空を飛ぶ話をしましたが、今度は空から落ちてきた人間らしい生きものの物語を読みます。空から誰か落ちてくる？　そんなことはありますまい。飛行機か何かの墜落事故ならあるでしょうが、普通、空に人間が住んでいることはあり得ません。

鳥か、人か、となれば、その間をとって天使などはどうでしょうか。天使なら世界のキリスト教人口の二十三億八千万余の人々が、天使は空にいると言うでしょう。今回ご紹介する作品はガルシア＝マルケスの「大きな翼を持った老人」です。

地上に落ちたのが何者だったか。百年前ならいざ知らず、今のキリスト教信者の大半が、天使の存在を信じているなんてあり得ないでしょう。しかしここに絶対的と思うしかない事実が、ある昼、ペラーヨとエリセンダ夫婦の庭に起こりました。

海に面した小さな町はこの時期、海から続々と這い上がる蟹で地面が埋め尽くされます。降り続く雨の中でその蟹の始末に追われていた男が、泥濘《ぬかるみ》となった庭の奥に蠢《うごめ》いている生きものを発見したのです。どうやら老人のようでした。

〈その人は泥濘のなかに俯伏せに倒れていましたが、必死の努力にもかかわらず、自分のばかでかい翼が邪魔になって起き上がることができないでいました。〉

悪夢のような光景に驚いたペラーヨは、走って妻のエリセンダを呼びに行き、熱の出た赤ん坊に湿布をしていた妻を引っ張ってきました。落ちてきたのが天使か人間か、ここではその問いよりも夫婦が眼にした異様な光景です。翼を生やした人間が藻掻《もが》いていました。この驚愕の絶対的な（事実）を二人は目撃してしまったのです。

〈男は屑拾いのような身装《みなり》をしていました。髑髏《されこうべ》に似た禿頭にはほんのちょっぴり、色褪せた糸屑のような毛が生えているだけ、口のなかにはほんのわずかの歯しか残っていませんでした。（中略）汚らしい、半分羽毛の抜け落ちた禿鷹のそれのように大きい翼は、いつまでたっても泥に搦め取られたままです。〉

ここからガルシア＝マルケスのれいによって理不尽な物語が始まります。南米コロンビアの小さな町に生まれたガルシア＝マルケスは、生みの母親の手を離れて祖父母に育てられました。土俗性と熱帯は容易に理不尽な土地の物語を作ります。年寄りの話には哀しげな顔の蜘蛛女《くもおんな》がいともやすやすと出没し、天使は神の使いで空を走り回っています。そんな話がまことしやかに語られて、多感な少年を育てました。

私は自分を養い育ててくれた祖父母の土地、この九州もマルケスの故郷に似ていると思うことがあります。その一つに、年寄りの話にいきなりあり得ない出来事が出現する風土。二つに、奇々怪々な話が当然のように受け容れられてしまうこと。つまりペラーヨ夫婦が見たあの絶対的驚愕の事実が、平気で横行しているのです。

マルケスの小説では天から翼のある老人が落ちてきますが、例えばうちの祖父の話では、八幡製鐵所のある工業で栄えた土地の、市街地の南側に聳《そび》える帆柱山《ほばしらやま》から、ポンポン船が下りてくることがあると言います。

発動機を付けた小型船が、

ポン！　ポン！　ポン！　ポン！

と独特の破裂音を響かせながら、曲がりくねった山道を下りてくる。けれども、そいつは心配することはない、と祖父がキセルの頭を打って灰を落とします。

「ポンポン船はタヌキが尻尾を隠しておる。しかし悪さはせんからのう」

と孫娘に言って聞かせる。

「危ないのはキツネの奴でな。山道を美しか姉さんが日傘ば差して下りてくる姿ば見たなら、気を付けんならんぞ。急いで隠れにゃならん。林に入って身ば隠せ」

靴職人の大叔父などはもっとふるっていました。遠く広島、熊本からも紳士革靴の注文客がわざわざ訪ねてくるような腕利きなのに、天気の良い日曜日、彼は帆柱山へ登ると突然大きな声を上げて崖の上に飛び出し、叫び始めるのです。一緒に滝のお不動さん詣りをした大叔母や祖母から聞いた話です。彼は、

「おうーい、波がくるぞーー！」

と叫んだそうです。

「潮が押し寄せてくるぞーー！」

早よ逃げよーーと、わめき始める。

そんなわけで北九州という私の故郷は、おとなや子供も含めて、理不尽な話がまかり通りました。

「洞海湾《どうかい》の海がわしにのしかかってきた！」

見た者、口に出して言う者の話が通ります。

さてマルケスの小説です。

ずいぶん長い間、注意深く観察していたせいか、ペラーヨとエリセンダはやがて驚きの中にも彼に対して親しみを感じ始めました。ペラーヨが老人に問いかけてみると、意味不明の方言みたいな太い声が返ってきます。その響きが海で働く人間のように思わせたので、二人はもしや嵐で遭難して浜に打ち上げられた船乗りかもしれないと考えました。

しかし生き死にのことにかけては何でも知っている近所の女を呼んできて老人を見せると、彼女はひと目で、

「これは天使だよ」

と断言しました。ペラーヨの家では赤ん坊が昨夜から発熱していて、その幼子を連れにきた途中で雨にやられて墜落したのだろうと言いました。

町は翌日には大騒動になりました。

物知りの近所の女は、また新しい情報を持ってきて、近頃、天上界では陰謀団に入った天使たちが下界へ逃げだしたが、その生き残りだと言います。それでペラーヨは警棒を片手に老人を見張り、夜には鶏小屋に鶏どもと一緒に閉じ込めてしまいました。

夜明けの光が射す頃、近所の人々は鶏小屋の前に集まって、天使にいささかの敬意を示すこともなく、サーカス小屋の動物にでもするように金網の隙間から食べ物を投げ与えました。老人は身じろぎもしません。

陽が昇るにつれて続々と弥次馬がやってくる。元は樵夫《きこり》だったという逞《たくま》しいゴンサガ神父がやってきて、一同はこの翼の生えた奇怪な捕虜をどうしたものかと思いを巡らせます。

つまり、どこから見てもこの年寄りの捕虜は、存在自体がありうべからざるものといえるのでした。生きてそこにいること自体が無茶で理不尽というしかない。そのぶん群衆は興奮してもてはやします。なぜなら、そのありうべからざるものは（事実）として天から落ちてきたわけですから。否定のしようがありません。

ふと私はインターネットで（事実）という言葉の意味について検索してみました。するとそもそもラテン語で（事実）とは、（神がしたこと）を指していたというのです！

それって冗談ですか？ まさか。これはもう究極の皮肉です。私は無神論者です。言葉の由来に疑義が生じますね。事実性を担保する存在がそもそも神というわけでしょう？ けれどまあ語源にはこだわらず、（事実）の事実性だけは認めなければなりません。翼を持った老人は何者であるか。

群衆の数は膨れ上がる一方です。そしてみんなで捕虜の爺さんの今後について憶測しました。私はこのくだりの文章に感心させられます。さきほど（捕虜）という言い方が出ましたね。年寄りは鶏小屋に押し込められて（捕虜）と呼ばれました。彼の処遇について、人々の意見は様々に出されます。

〈いちばん単純な連中は、彼は世界の長《おさ》に推挙されるだろう、と思っていました。もっと厳格な精神の持主たちは、彼がすべての戦いで勝利を得るように、五つ星の将軍に昇進させられるだろう、と想像していました。〉

頭の中で巡らす想像は勝手です。でも中にはとんでもない考えを出す者もいました。

〈宇宙を背負って立つことのできる翼のある賢明な人間の血統を地球に移植するため、種付け用に保護されることを期待する夢想家もおりました。〉

ひどい話です。尾羽打ち枯らした老人が種付けの役に立つものでしょうか。金網越しに天使を覗いたゴンサガ神父は教理問答書を頭に浮かべ、その場で復習しました。そしてラテン語で、

「おはよう」

と挨拶してみたのです。けれど捕虜は返事もなくもぐもぐと何ごとか呟くばかりです。神の言葉も理解できず、その代行者たるゴンサガ神父に対して挨拶の仕方も知らない天使がいるでしょうか。そして詐欺師にしては人間臭く、天使にしては威厳を持ちません。

〈雨風にさらされて鼻の曲がるような臭いを発していました。翼の裏側のあちこちには宿り藻が生えており、おもな羽毛はこの世の風に傷めつけられていました。その哀れな姿からは天使の気高い威厳など少しも感じられません。神父は小屋を出ると弥次馬たちに言葉少なに説教を垂れ、無邪気でいることの危険を警告したのです。〉

ゴンサガ神父は、悪魔には軽はずみな人間の心を乱すため、カーニバルの仕掛けを利用する悪い癖があることを教えました。みんな身震いしたでしょう。翼は鷹と飛行機の相違を決定づけるのに不可欠な要素ではありません。ましてその翼が天使たるを示すにはもっと強力な証拠が必要です。

ゴンサガ神父の鳥と飛行機の翼の比較による怪しげな説教のため、老人は悪魔の嫌疑を被せられました。人か、悪魔か、それとも天の神の一族か。興味深いのはマルケスが、このありうべからざる翼を持った老人に、ひと言も抽象的言語を弄さずして、あくまで現実の人間世界の次元の話として語った姿勢です。普通の文章、この世界を支配するリアリズムの平易な言葉でもって譬《たと》えでもって説明を尽くしたのです。

世界中で最も不幸な病人たちが天使に病気を治してもらいにやってきたときの説明はこうです。

〈子供のときから自分の心臓の鼓動を数えつづけていて、その数がなくなりかけている気の毒な女。

星の音がうるさくて不眠症になったジャマイカの男。

夜中に起き出しては、自分が眼の覚めていたときに造ったものを壊してしまう夢遊病者。〉

ペラーヨとエリセンダ夫婦は、大混乱のまっただ中で、疲労を感じたけれど幸福でした。見物人から天使を見るための拝観料を取ったので、早くも二人の部屋にはお金がぎっしり詰めこまれました。それでも礼拝の順番を待つ巡礼の列は地平線の彼方まで延びていました。

天使だけが自分にまつわる事件に加わりませんでした。老人はエリセンダが与えるナスのパン粥だけ口に入れました。彼は鶏小屋でほとんど死んだように動かず、誰かが牛に烙印するときの火で焼いたコテを脇腹に押し付けたときだけ飛び上がり叫びました。そして鶏糞と土埃を巻き込んだ竜巻と、この世のものとは思えない恐ろしい一陣の大風を起こして、みんなを震え上がらせました。

こうして月日が過ぎて行きます。しかしゴンサガ神父が待ちわびる、ローマの法王の返書は戻ってきません。お偉いさんたちは（緊急）の概念を持たないので、たまに届く手紙にはこんな質問が記してありました。

曰く、その囚人にへそがあるか。曰く、彼の方言はアラム語と何らかの関係があるか。曰く、何度も針の穴をくぐることができるか。翼を持ったノルウェー人にすぎないのかどうか、その審議もまだ千年も続きそうでした。

ところが地上を埋めていた弥次馬たちの関心が、ようやく禿げちょろけの老人から遠ざかり始めました。

その頃の移動市場の見世物で、両親の言いつけを守らなかったため蜘蛛の姿に変えられた娘が話題を呼んでいました。哀しげな顔をした娘の首から下は、怖気立《おぞけだ》つふくろ蜘蛛だったのです。家を抜け出してダンスに行き一晩中踊り明かした娘は森を通って家に帰る途中、恐ろしい雷鳴が空を裂き硫黄色の稲妻が走ったかとみるや、変わり果てた姿になったのです。

娘は哀しげな顔で嘘偽りのない懺悔《ざんげ》の話を群衆に語りました。彼女の唯一の食物は慈悲深い人々が口に入れてくれる小さいミンチボールだけです。美しい哀れな娘と、人間嫌いの禿げちょろけの爺と、人々はどっちを好むでしょうか。

それに、よぼよぼの天使がおこなった数少ない奇跡といったら、せいぜいこんなものでした。視力は回復しなかったけど新しい歯が三本生えた盲人。歩けるようにはならなかったが、もう少しで富くじを当てるところだった中風患者。傷口から向日葵《ひまわり》が生え始めた病人。

老いた天使の評判は蜘蛛女に抹殺されなくても、勝手に地べたに落ちました。おかげでゴンサガ神父は彼を悩ませていた不眠症が治り、ペラーヨの家の周囲は掃き清めたように人影が絶えてしまったのです。

月日が流れ、ついに収拾のつかない話の大詰めがきました。天使が落ちてきた前日に生まれた赤ん坊は歩き始めました。家主のペラーヨは大金持ちになっています。邸《やしき》を新築し、家の中に天使が入れないよう窓に鉄格子をはめ、保安官の職業などとはおさらばです。

妻のエリセンダは絹の衣装を買い込みましたが、鶏小屋はほったらかしです。ゴミ捨て場のような臭気を消すため没薬《もつやく》を燃やします。子供は乳歯が生え替わらないうちから金網の破れから入って遊びます。天使は夢を持たない犬のように黙って子供のいたずらに耐えました。

二人一緒に水疱瘡《みずぼうそう》にかかったとき、子供を診た医者は天使の聴診もしてみました。すると天使の心臓の中ではヒュウヒュウと風の音が鳴り、腎臓のけたたましい騒音が響きます。何より医者が驚いたのは、天使の翼が完全な人間の組織体みたいに背中に自然に生えていることでした。それを見ると普通の人間にはなぜ翼がないのか、理解できなくなるほどでした。

鶏小屋は完全に崩壊し、子供は学校へ上がりました。天使は天日にさらされ雨に打たれ、寄る辺ない瀕死の病人のように這いずり回って、家の中にも侵入します。寝室でそんな彼を箒《ほうき》で追い払うと、一瞬後には台所に現れます。同時に複数の場所に存在するかに見えて、まるで人間複製法で自分をばら撒いているようでした。

「こんな天使だらけの地獄はまっぴらだわ！」

エリセンダが叫びました。天使は眼が濁り、柱にぶつかるようになり、死が近いことを夫婦は感じました。

〈ところが、天使は彼にとっての最悪の冬を生き延びたばかりか、陽光に満ちあふれた日々がはじまるとともに回復してくるように見えました。（中略）翼に老いぼれた怪鳥の羽毛にふさわしく太くて硬い羽毛が生えはじめました。〉

いよいよラストの場面を迎えます。天使は一向に死にません。ある朝のこと。エリセンダが昼食のための玉ねぎを刻んでいるとき、沖の方からと思える風が台所に吹き込んできて、彼女が窓から覗くと広い野菜畑で飛ぶ練習をする天使の姿がありました。

彼は無様な羽ばたきで風を摑まえそこない、家畜小屋をぶち壊すところで、危うく宙に浮かびました。そして老いた禿鷹のように危なっかしい飛び方で、彼方の空へ飛び立ちます。やがて天使の姿が消えていくと、エリセンダはほっと安堵の溜息をつきました。

無理もありません。天使だらけの地獄！　と彼女が嘆いた生活からやっと抜け出ることができたのです。振り返ってみればエリセンダにとって、いったい天使は何者だったのでしょう。

小説の最後の文章を読みます。

〈彼女は玉ねぎを刻み終ってもまだ天使を見ていました。もう目に見えなくなってしまうまで見つづけていました。その時の天使はもはやエリセンダの日常生活を邪魔する者ではなく、水平線の上の彼方の想像上の一点になっていたからです。〉

さっきまで家中に悪臭を振り撒き剝げた羽毛の塵を飛ばし、亡霊みたいにうろついていた天使はいなくなりました。神の国へ帰ったのでしょうか。そうなら祝福を叫びたいところです。しかし待ってください。小説にはその後のことが書かれていません。行きっきりというか。

鋭利なハサミでぷつん！　と断ち切ったような最後の一文です。水平線の彼方の（想像上の一点）になったところで終わってしまった、消えてしまった天使への詠嘆も別れの哀調もありません。それどころか時空が切れているようです。むしろ天使は最初からいなかったような書き方ではありませんか。いなかった者は戻ることもあり得ない。

しかし天使は雨の日に海から蟹の大群が町へ押し寄せてきた真昼、ペラーヨの家の庭に落ちてきたではありませんか。大騒ぎの末にローマ法王へ手紙を出した、あの天と地にまたがる大事件はなかったのですか。

「そうだ。すべてはなかったことなのだ」

と神の声ならぬマルケスの声が私の耳に響きました。

「よく聞きなさい。すべての在ったことは無かったことである。訪れる時間もなく、過ぎてゆく時間もない」

この作品を収めた短編集『落葉』は、かの丸谷才一氏が「前衛と土俗が奇跡的な合体を見せた華麗なる悪夢」と評した『百年の孤独』より十二年前に刊行された初めての本です。しかも友人たちが集まって無断で出版してくれたという曰く付きです。

『落葉』の翻訳者・高見英一氏のあとがきでは、インタビューに答えたマルケスが、先に『百年の孤独』を読んでから前の作品に出会うと、試作を読むような印象を受けるのではないかと危惧している、と書かれています。だが執筆順に読むと、作品ごとの発展や、すべてが一つの問題に迫ろうとしていることに気づくはずだと語っています。彼の迫ろうとした問題は何だったのでしょうか。

「自分が書こうとしているのは孤独の本である」

とマルケスは答えています。

二十年ほど前に「大きな翼を持った老人」を読んだとき以来、私はどこか果てない空間に宙吊りにされている豆粒大の人影を想像することがあります。実在と非在の間に紐で括《くく》られて揺れ続ける天使。その点のような影がずっと生きているような気がするのです。

「大きな翼を持った老人」G・ガルシア゠マルケス著／高見英一訳『短編集　落葉』（一九八〇年、新潮社）

これは、二〇一九年一月三十日より、福岡市の「イタリア会館・福岡　ギャラリーSPAZIO」にて定期的に行われた講座と、引き続き場所を「北九州市立文学館」に移して続行した講座を併せて収録したものです。

また、以上の講座は、平凡社の文芸誌『こころ』に収録されました。

講座を支えてくださったイタリア会館のドリアーノ・スリスさんと、装幀家の毛利一枝さん、北九州市立文学館館長の今川英子さんとスタッフの方々、平凡社の元編集者・山本明子さんに厚く御礼を申し上げます。

おわりに

この本の目次をご覧になって、変わった本だな、と思われた方もいらっしゃるでしょう。一人の作家が読んだ本としては、いろんな分野にわたっています。小説もあるし、太平洋戦争史に関するものも、中には地球を貫通する穴をあけたらどうなるか、などというおかしな科学ものの本も紹介しています。

このまとまりのない多岐にわたる数々の本は、読んだ人間、つまり私が小説家だからかもしれません。一つの世界に軸足を据えるのでなく、常に次作の構想を抱いているため、意外と純然たる小説は少ない。むしろ小説の資料になる本を日頃から探していることに由来します。

私は樹木が好きですが、野山の林に立っている木々にはとくに惹かれています。常緑樹の林に入るとスギ、ヒノキ、イチイと筋目の通った木肌の美しさにどきどきし、落葉樹の林に入ればブナ、クヌギ、ケヤキなど筋目のない女性的な木肌や、まるっこい葉に友達みたいな親しみを感じます。

大型書店の本棚の間を歩くと、常緑樹と落葉樹の混合林のようだと私は思うのです。とくに専門書の棚の並びには、精神の気が流れている感じさえするのです。小さな書店は小さな林、大きな書店は深い林。

そして私が小説を書くために探す本は、そんな林の一本の木だったり、一枚の葉っぱだったりするようです。例えばトルストイの『戦争と平和』は一本の大木ですが、同じ戦争物でも本書所収の吉田満「戦艦大和ノ最期」は小木でしょう。なぜなら大項目の中の一つとして分類できるからなのです。

目次の最初に出て来る『ネバーホーム』も分類編になります。この作はアメリカの南北戦争史に残る、女性兵士の悲劇の話です。日本の戦争史を唱歌の側から見たのが『唱歌の社会史』。現代の老人施設に入っている老女の認知症と、中国大陸の思い出をまとめた『エリザベスの友達』は現代から過去を検証します。「手なし娘協会」は、私がグリム童話にあやかって書いた掌編小説です。そのもとになったのは世界と日本各地に広がった手なし娘伝説に由来します。韓国語や中国語、東北から九州の博多弁でも語られるこの話は、もとはドイツの宣教師の布教活動から発したものでした。

林に小木がなくてはならないように、私はこれらの一種まとまりのない本たちを愛するのです。林には多くの植物・樹木が生い茂っています。大項目のテーマはこの世の小さな記憶たち、雑多な秘密までは教えてくれません。

整然と並んだ分厚い書物の本棚より、重なり合い、挟まれ合って、押し合いへし合い乱雑に積まれた本棚が、私の愛すべき雑木林です。その小木たち、本たちの一部を、今度こうして皆さんに紹介させて頂けたことを嬉しく思います。

村田喜代子

写真一覧

p139
『写真週報』（昭和13年10月）

p140
「瀕死の馬」（『写真週報』昭和13年10月）より

p141
『戦場の犬たち』（ワールド・フォトプレス、2006年）より

p173
長崎に投下された原爆のキノコ雲・米軍提供（共同）

p175
原爆投下で廃墟と化した長崎医科大学（共同）

p205
沈没する寸前の戦艦大和・米海軍撮影（共同）

本書は、『こころ』（平凡社）四八号（二〇一九年）から五七号（二〇二〇年）に、九回にわたり連載された「村田喜代子の本よみ講座」（五二号は休載）に、『中央公論』二〇二三年一月号、二月号に掲載された「今、こんな本を読んでます」を加え一冊としたものです。

刊行にあたり、加筆訂正いたしました。

引用部分に、今日の歴史・人権意識に照らし合わせて言い換えるべき語句や表現も見られますが、時代的背景と、当時の資料的価値とに鑑み原文のままとしました。

（編集部）

村田喜代子

1945年、福岡県生まれ。77年、「水中の声」で、九州芸術祭文学賞最優秀作を受賞し、本格的な執筆活動に入る。87年、「鍋の中」で芥川賞を受賞、90年『白い山』で女流文学賞、92年『真夜中の自転車』で平林たい子賞、98年「望潮」で川端康成賞、2010年『故郷のわが家』で野間文芸賞を受賞。14年『ゆうじょこう』で読売文学賞、19年『飛族』で谷崎潤一郎賞、21年『姉の島』で泉鏡花賞を受賞。他の作品に『八幡炎炎記』『エリザベスの友達』など多数。

村田喜代子《むらたきよこ》の本《ほん》よみ講座《こうざ》

二〇二三年三月一〇日　初版発行

著　者　村田喜代子《むらたきよこ》
発行者　安部順一
発行所　中央公論新社
〒一〇〇-八一五二
東京都千代田区大手町一-七-一
電話　販売　〇三-五二九九-一七三〇
　　　編集　〇三-五二九九-一七四〇
URL https://www.chuko.co.jp/

DTP　平面惑星
印　刷　大日本印刷
製　本　小泉製本

Printed in Japan　ISBN978-4-12-005636-9 C0095

村井喜代子◆好評既刊

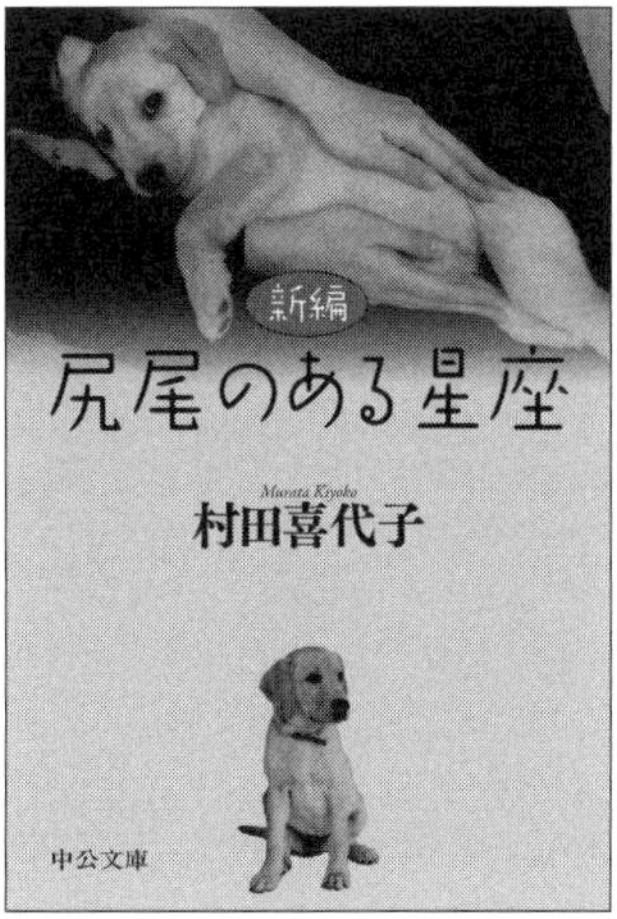

新編　尻尾のある星座

薔薇の枝を噛み砕くことが好きだったシベリアン・ハスキーのルビィ。ルビイ亡き後やってきた、暴れん坊のラブラドール、ユーリィ。二匹の犬との日々を振り返り、生きること、死ぬことの不思議を見つめた、珠玉のエッセイ集。